Gerald Knabe: Schneller lernen

Gerald Knabe

# Schneller lernen

Econ Verlag
Düsseldorf · Wien

Zeichnungen: Otto Schwalge

Neu bearbeitete und erweiterte Auflage 1978

Gesetzt aus der Helvetica der Linotype GmbH.
Gesamtherstellung Mohndruck Reinhard Mohn OHG, Gütersloh
Printed in Germany
ISBN-Nr. 3 430 15491 x

# Inhalt

## 1. Teil: Das müssen Sie wissen, um schneller zu lernen!



## 2. Teil: So trainieren Sie schnelleres Lernen!

# So müssen Sie dieses Buch lesen!

Dieses Buch ist ein Arbeitsbuch. Jede Seite stellt eine abgeschlossene Informationseinheit dar. Kurze, klare Sätze und viele Beispiele sollen das Verstehen erleichtern. Mit einer Prüffrage am Schluß der Seite und einem Lerntest am Ende jedes Kapitels können Sie sich kontrollieren.

Rechte Seiten erregen mehr die Aufmerksamkeit als ihre linken Nachbarn. Um Ihnen das Lernen zu erleichtern, haben wir uns daher etwas Besonderes ausgedacht: Sie brauchen in diesem Buch nur rechte Seiten zu lesen. Diese sind fortlaufend numeriert bis zum Ende des Buches. Wenn Sie dort angelangt sind, drehen Sie es einfach um und lesen wieder nur die rechten Seiten. Alle linken Seiten müssen darum für Sie auf dem Kopf stehen. Aber das ist für Sie unwichtig. Linke Seiten sollen Sie ja nicht lesen.

1. Teil

# Das müssen Sie wissen, um schneller zu lernen!

Erstes Kapitel

# Was ist Lernen?

Menschliches Verhalten ist durch Lernen geprägt: Denken, Sprechen, Bewegung, Lächeln, Lieben, Hassen, Interessen, Erwartungen, Einstellungen, Konzentration. Bis zum Tod bestehen immer neue Lernchancen, die Sie nutzen können. Aber wie?

In diesem Kapitel lesen Sie:

1. Lernen verändert Wahrscheinlichkeiten. Lernen ändert Verhalten.
2. Nur erfahrungsbedingte Verhaltensänderungen sind durch Lernen erklärbar.
3. Lernprozesse (Verhaltensänderungen) können durch Manipulation von Erfahrungen provoziert und gesteuert werden.
4. Die drei Phasen des Wissenserwerbs.

**Lernen verändert Wahrscheinlichkeiten – Lernen ändert Verhalten**

Manche Menschen haben »zwei linke Hände« und lernen es nie, einen Nagel in die Wand zu schlagen. Andere sind beim ersten Mal etwas ungeschickt und schlagen sich auf die Finger. Aber bald geht es besser, dann trifft nur noch jeder zehnte Schlag daneben, schließlich nur noch jeder fünfzigste, und die sicheren Schläge werden immer häufiger.

**Das beobachten wir:**

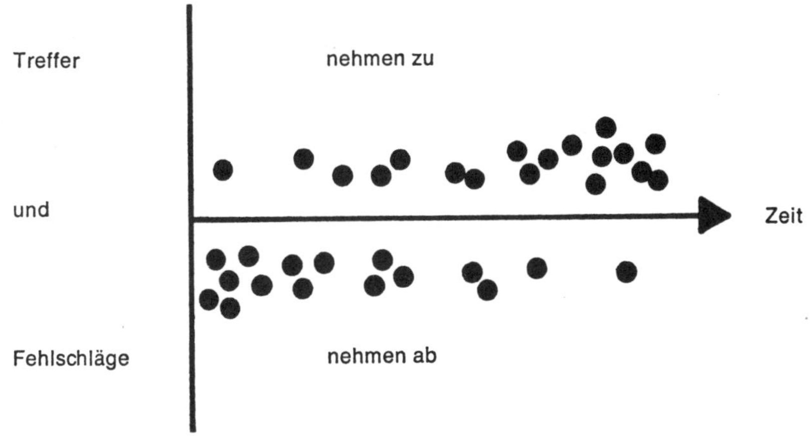


Treffer werden häufiger und damit **wahrscheinlicher.**

**Und so erklären wir diese Entwicklung: durch Lernen.**

Bitte ergänzen Sie die folgende Textlücke. (Die richtige Lösung steht am Fuß der folgenden Seite unter dem Abschlußstrich.)
Lernprozesse verändern die W________lichkeit, mit der ein bestimmtes Verhalten in einer bestimmten Situation eintrifft.

Falls Sie die Seite 11 hier suchen sollten, blättern Sie bitte noch einmal zurück nach Seite 6. Dort steht, wie Sie dieses Buch lesen müssen.

**So wird der Gebrauch von Hammer und Nagel gelernt.**

Die zwei Kurven zeigen die Wahrscheinlichkeit von Treffern und Fehlschlägen im Verlauf der Übung und kennzeichnen den Fortschritt des Lernprozesses.

Wahrscheinlichkeit

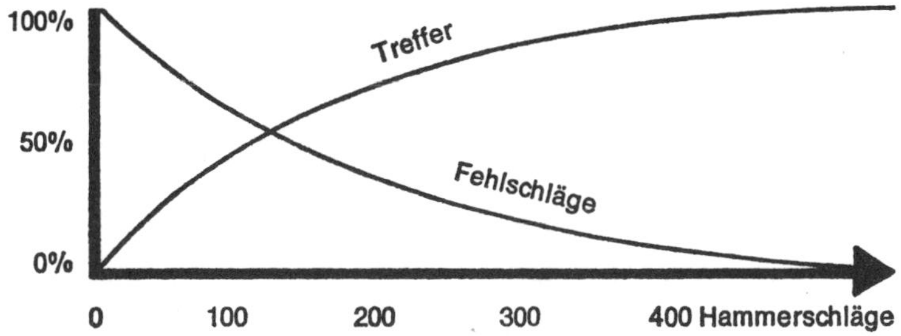


Wenn der Lernprozeß fortschreitet, verändert sich die Wahrscheinlichkeit, mit der ein bestimmtes Verhalten in einer bestimmten Situation erwartet werden kann.

**Glauben Sie, daß nur richtiges Verhalten so gelernt wird?**

Nein, auch unerwünschtes Verhalten kann durch Lernen in einer bestimmten Situation wahrscheinlicher werden. Zum Beispiel Schulversagen: Ein Schüler verfällt aus Angst immer wieder auf eine alte, falsche Technik zur Division von Brüchen.

Das hat er gelernt:

A____ vor Rechenarbeiten und eine f_____e Lösungsstrategie!

---

Wahrscheinlichkeit

---

Vor allem nehmen Sie sich Zeit, wenn Sie schneller lernen wollen. Sonst erdrücken Sie Ihre Phantasie, und es ist doch nichts wichtiger beim Lernen als schöpferische Phantasie.

**Was ist falsch oder richtig?**

In dem folgenden Beispiel ist es leicht, das Urteil über richtiges oder falsches Verhalten zu treffen.

Das hat er gelernt:
**Angst** vor Rechenarbeiten und eine **falsche** Lösungsstrategie!

**Wenn Sie dieses Buch neugierig gemacht hat, noch mehr über Lernen zu erfahren, schauen Sie doch auch einmal in diese Bücher:**

Angermeier, W. F.: Praktische Lerntips für Studierende aller Fachrichtungen. Springer Verlag, Berlin-Heidelberg 1976.

Kugemann, Walter F.: Lerntechnik für Erwachsene, rororo-Sachbuch 1978.

Löwe, H.: Einführung in die Lernpsychologie des Erwachsenenalters. VEB Deutscher Verlag der Wissenschaften 1970.

Mager, Robert F.: Lernziele und Programmierter Unterricht. Verlag Julius Beltz 1966.

Ott, Fischer, Kärcher, Weitzinger und Weiss: Thema Lernen, Methodik des geistigen Arbeitens. Verlag Ernst Klett, Stuttgart 1977.

Zielke, Wolfgang: Informiert sein ist alles, die Papierflut sinnvoll nutzen, ein Econ-Ratgeber. Econ Verlag, Düsseldorf 1977.

Oft ist die Situation nicht so eindeutig.

Jeder muß es lernen, »richtig« zu lieben und zärtlich zu sein. Aber was ist die richtige Liebe?

**Zitierte Literatur:**

Denny, Frisbey & Weaver: Rotary persuit performance under alternate conditions of distributed and massed practice. J. exp. Psychol. 1955.

Luh, W. C.: The Conditions of Retention. Psychol. Monogr. 1922.

Riedel, Harald: Psychostruktur. Verlag Schnelle 1967.

Meis, R.: Schreibleistungen von Schulanfängern und das Problem der Anfangsschrift. Verlag für Psychologie 1963.

Auch Haß wird gelernt.

Welches Verhalten richtig oder falsch ist, bestimmen Grammatiker, Mathematiker, Sicherheitsingenieure, Philosophen, Kaufleute, Juristen, Politiker – und Sie selbst. Es ist wichtig für Sie, zu wissen, was richtig ist. Denn das möchten Sie ja lernen.

Um jedoch die Frage zu beantworten, was Lernen sei, ist die Entscheidung über richtiges oder falsches Verhalten ________.
Bitte setzen Sie das richtige Wort ein:

A. wichtig
B. unwichtig

Bitte bearbeiten Sie nun einige Themen aus Ihrem eigenen Fachbereich nach dem gleichen Schema. Versuchen Sie dabei, immer mehr Feinheiten, wie sie im ersten Teil dieses Buches erarbeitet worden sind, zu berücksichtigen.

Dann werden Sie fit.

Lernen ist ein Vorgang, bei dem die Wahrscheinlichkeit verändert wird, mit der ein bestimmtes Verhalten in einer bestimmten Situation beobachtet werden kann.

Ein Beispiel: **Herr U. hat sich geändert**

Er redet völlig anders als früher, denn er hat etwas gelernt.

Wahrscheinlichkeit von Prahlen und Flunkern und objektiver Berichterstattung in den Reden des Herrn U.

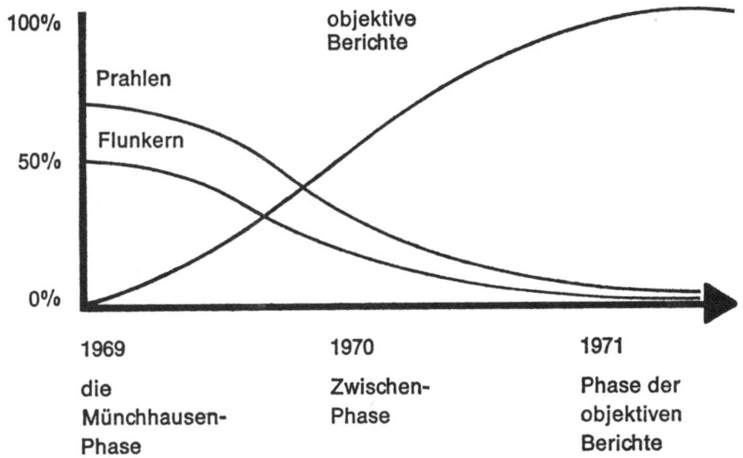


Prahlen und Flunkern werden seit 1969 immer seltener. Die Wahrscheinlichkeit, im Jahre 1971 durch Herrn U. objektiv unterrichtet zu werden, steigt.

B. unwichtig

**D** Ergeben sich aus dem Gelesenen Konsequenzen in bezug auf die Definition Ihres Lernziels?

Nein.

**E** Fassen wir zusammen. Was wissen Sie jetzt?

Aus den bisher vorgetragenen Tatsachen und Paragraphen leiten sich folgende Erwartungen bzw. Feststellungen ab.

1. Der Traktorfahrer ist im vollen Umfang schadenersatzpflichtig. Das heißt, er hat den entstandenen Sach- und Personenschaden zu ersetzen und kann zur Zahlung eines angemessenen Schmerzensgeldes verpflichtet werden.

2. Die rechtliche Begründung liefern die Paragraphen 823 und 847 BGB.

Wenn diese Erwartung richtig ist, haben Sie Ihr Lernziel erreicht. Sie haben ein einfaches Konzept der rechtlichen Lage erarbeitet.

Die Sicherung des erworbenen Wissensbestandes erreichen Sie genau wie beim Auswendiglernen, durch den gleichen Wiederholungsplan (vgl. Seite 197!). Vermeiden Sie dabei jede Paukarbeit. Überspielen Sie den einsetzenden Informationszerfall, indem Sie die Informationsbindung des Konzepts mit Hilfe der auf Seite 132 und 133 erläuterten Rekonstruktionstechnik verringern.

**Nur erfahrungsbedingte Verhaltensänderungen sind durch Lernen erklärbar.**

Das Verhalten eines Menschen ändert sich nicht nur durch Lernprozesse, sondern auch zum Beispiel durch Alkoholeinwirkung. Biochemische Prozesse werden gestört. Eine exakte Funktion des Organismus, insbesondere des Nervensystems, ist deshalb erschwert. Entsprechend erscheint das Verhalten schlechter kontrolliert und gesteuert.

Auch Ermüdung, Erkrankung, Reifung oder Psychopharmaka beeinflussen das Verhalten.

Eine vorübergehend geänderte Motivationslage kann den Organismus durch besondere Bedürfnisse oder durch neue Interessen eine Zeitlang umfunktionieren und neues oder verändertes Verhalten hervorbringen.

**Lernen** ist etwas anderes. Lernen wird durch Erfahrung bedingt. Zwar wirken auch Alkohol, Medikamente, Ermüdung und Reifung auf die Funktion des Organismus und beeinflussen unsere Erfahrungen. Über solche Umwege können sie dann auch Lernprozesse lenken und unser Verhaltensrepertoire verändern oder erweitern.

Was dabei im Organismus vor sich geht, entzieht sich bisher weitgehend einer direkten Beobachtung. Auch im Experiment bekommen wir die innerorganismischen Prozesse des Lernvorgangs nicht direkt in den Griff. Sie müssen aus experimentell provozierten Verhaltensänderungen rekonstruiert werden.

Erwartung: In anderen Gesetzeswerken als dem StVG könnte es einen Paragraphen geben, aufgrund dessen Sie den Unfallverursacher haftbar machen können.

Frage: Wo ist er zu finden, und wie lautet er?

Mit Hilfe eines Stichwortregisters finden Sie den § 823 BGB.

§ 823. *(Schadensersatzpflicht)* (1) Wer vorsätzlich oder fahrlässig das Leben, den Körper, die Gesundheit, die Freiheit, das Eigentum oder ein sonstiges Recht eines anderen widerrechtlich verletzt, ist dem anderen zum Ersatze des daraus entstehenden Schadens verpflichtet. *

(2) [1] Die gleiche Verpflichtung trifft denjenigen, welcher gegen ein den Schutz eines anderen bezweckendes Gesetz verstößt. [2] Ist nach dem Inhalte des Gesetzes ein Verstoß gegen dieses auch ohne Verschulden möglich, so tritt die Ersatzpflicht nur im Falle des Verschuldens ein. **

Absatz (2) trifft unser Problem. Der Traktorfahrer hat Sie geschädigt. Diese Schädigung war für ihn nicht unabwendbar. Sie trat ein, weil er die Vorfahrt nicht beachtet und damit gegen ein Schutzgesetz verstoßen hatte.

Ihre Erwartung: Er ist Ihnen schadenersatzpflichtig.

Frage: Ist er auch zur Zahlung von Schmerzensgeld verpflichtet?

§ 847. *(Schmerzensgeld)* (1) [1] Im Falle der Verletzung des Körpers oder der Gesundheit sowie im Falle der Freiheitsentziehung kann der Verletzte auch wegen des Schadens, der nicht Vermögensschaden ist, eine billige Entschädigung in Geld verlangen. [2] Der Anspruch ist nicht übertragbar und geht nicht auf die Erben über, es sei denn, daß er durch Vertrag anerkannt oder daß er rechtshängig geworden ist.

Konsequenz: Er ist auch zur Zahlung eines angemessenen Schmerzensgeldes verpflichtet.

Das ist seit dem Ende des 19. Jahrhunderts immer wieder versucht worden. Bereits 1898 (E. L. Thorndike) und 1901 (I. P. Pawlow) sind erste Forschungsergebnisse erfolgreich ausgewertet worden. Diese Arbeiten waren richtungweisend. Auch viele Elemente der sogenannten »klassischen Lerntheorien«, die vor allem in den dreißiger Jahren unter anderem von Tolman, Hull, Skinner veröffentlicht wurden, sind bis heute nicht veraltet. Die Worte **Reiz** (oder »Situation«) und **Reaktion** (oder »Verhalten«) und **Verstärkung** sind zentrale Begriffe dieser Theorien.

Sie finden ihre praktische Auswertung in der Technik des Konditionierens. Dieser Technik liegt die Annahme zugrunde, daß . . .

**. . . die Wahrscheinlichkeit, mit der ein bestimmtes Verhalten in einer bestimmten Situation beobachtet werden kann, steigt, wenn dieses Verhalten in der angegebenen Situation eine Befriedigung von Bedürfnissen unmittelbar zur Folge hat.**

Durch ein geschicktes Arrangieren der Bedürfnisbefriedigung läßt sich demnach eine gezielte Änderung der Wahrscheinlichkeit bewirken, mit der ein bestimmtes Verhalten in einer bestimmten Situation gezeigt wird. Eine solche Manipulation von Erfahrungen heißt »Konditionieren«.

**Das bedeutet:**

**Lernprozesse (Verhaltensänderungen) können durch Manipulation von Erfahrungen (durch »Konditionieren«) provoziert und gesteuert werden.**

Lesen Sie nun bitte § 8 StVG.

§ 8.* *(Ausnahmen)* Die Vorschriften des § 7 gelten nicht, wenn der Unfall durch ein Fahrzeug verursacht wurde, das auf ebener Bahn mit keiner höheren Geschwindigkeit als zwanzig Kilometer in der Stunde fahren kann, oder wenn der Verletzte bei dem Betrieb des Kraftfahrzeugs tätig war.

Diese Information wirft alles über den Haufen. Traktorfahrer Müller, dem der Traktor selbst gehört, hat, so fällt Ihnen ein, noch am Unfallort darauf hingewiesen, daß sowohl am Anhänger wie am Zugfahrzeug ein Schild mit der Aufschrift 20 km vorschriftsmäßig angebracht war.

Konsequenz: Erwartungen 5 und 6 sind unbegründet und müssen fallengelassen werden.

Auch die Fragen 3 bis 5 sind damit gegenstandslos.

Damit stehen Sie praktisch wieder am Anfang der Phase C. Sie brauchen neue Information. Lesen Sie darum den § 16 StVG.

§ 16. *(Haftpflicht auf Grund sonstigen Rechtes)* Unberührt bleiben die bundesrechtlichen Vorschriften, nach welchen der Fahrzeughalter für den durch das Fahrzeug verursachten Schaden in weiterem Umfang als nach den Vorschriften dieses Gesetzes haftet oder nach welchen ein anderer für den Schaden verantwortlich ist.

Bitte formulieren Sie neue Fragen und Erwartungen.

**So konditionieren Sie einen Hund**

Der Hund soll lernen, sich auf die Hinterpfoten zu setzen, sobald Sie »Platz!« sagen.

Sie besorgen eine Pfeife und ein paar Stückchen Zucker oder Wurst. Dann pfeifen Sie kurz und werfen dem Hund einen kleinen Happen hin. Nach einigen Minuten pfeifen Sie wieder und füttern das Tier anschließend. So verfahren Sie weiter, bis es sicher gelernt hat, das Pfeifen als Futtersignal zu erkennen. Dann haben Sie den Hund konditioniert, auf das Pfeifen hin Futter zu erwarten.

Diese erste Phase ist notwendig, damit Sie den Hund während der zweiten Lernphase schnell und sicher in seinem Verhalten bestärken können. Immer, wenn er auf Ihre Aufforderung hin Anstalten macht, sich hinzusetzen, pfeifen Sie und werfen ihm einen Brocken hin. Je besser seine Fortschritte werden, um so anspruchsvoller werden Sie. Schließlich pfeifen Sie nur noch dann, wenn er auf den Ruf »Platz!« exakt und prompt reagiert.

Der Ruf »Platz!« charakterisiert die Situation, in welcher der Hund das neue Verhalten zeigen soll. Durch Konditionieren ist dieses Verhalten in der beschriebenen Situation häufiger geworden. Weil Sie das neue Verhalten bestärkt haben. (Durch Bedürfnisbefriedigung mit Futter.)

Wenn Sie lernen, einen Nagel in die Wand zu schlagen, werden Sie anfangs gewiß mit jedem kleinen Erfolg (Treffer) ein Gefühl der Befriedigung erleben. Dieser Lernvorgang läßt sich deshalb mit den klassischen Lerntheorien recht gut als Konditionierungsvorgang erklären. Genauso das Lernen des Lächelns, der Gebrauch von Redefloskeln, teilweise die Fähigkeit und die persönliche Art zu lieben oder zu hassen. Selbst Krankheiten kann man so lernen, beispielsweise die Neigung, Magengeschwüre zu bilden, wenn man sich ärgert.

**Bitte vergleichen Sie Ihre Eintragungen.**

**Erwartungen:**

5. Gemäß Absatz (1) ist der Fahrzeughalter des Traktors, mit dessen Anhänger Sie kollidiert sind, zum Ersatz der entstandenen Schäden verpflichtet, falls Absatz (2) und (3) keine Anwendung findet.

6. Wenn Erwartung 5 zutrifft, kann ich aufgrund des § 7 StVG Ersatzansprüche geltend machen (Antwort auf Frage 2).

**Fragen:**

3. Ist der Unfall durch ein unabwendbares Ereignis im Sinne des § 7 StVG, Absatz (2) verursacht?

4. Kommt Absatz (3) zur Anwendung?

5. Wer ist der Fahrzeughalter?

Die Lernprozesse, durch die Lassie und Flipper ihre Fähigkeiten erworben haben, sind mit der gleichen Technik konstruiert worden. Ohne diese Technik wäre auch die Leistung der Schimpansin Washoe undenkbar, die in einem Institut der Universität Nevada eine Zeichensprache erlernt hat und inzwischen über 300 Wörter sinnvoll zu gebrauchen versteht.

Auch der Programmierte Unterricht wurde aufgrund von Schlußfolgerungen aus den klassischen Lerntheorien entwickelt. Der Psychologe B. F. Skinner gab 1954 mit seinem Artikel »The Science of Learning and the Art of Teaching« (Die Wissenschaft vom Lernen und die Kunst des Lehrens) den entscheidenden Anstoß.

Und trotzdem – immer wieder wird in Frage gestellt, ob die klassischen Lerntheorien auch für unsere Lernprobleme in der Ausbildung, im Beruf eine ausreichende Erklärung liefern. Diese Fragen sind berechtigt. Wir wissen heute mehr darüber.

Lernprozesse, mit denen wir berufliches Wissen und berufliche Fertigkeiten erwerben, gliedern sich in drei Phasen.

**Die drei Phasen des Wissenserwerbs**

1. zur Kenntnis nehmen
2. Verstehen
3. Einprägen und Behalten

In den nächsten Kapiteln erfahren Sie, was diese drei Phasen beinhalten und wie Sie darauf Einfluß nehmen können.

Die richtigen Antworten lauten:

1. Nein
2. Ja
3. Ja
4. Ja

Formulieren Sie nun weitere Erwartungen und weitere Fragen aufgrund der durch § 7 StVG erhaltenen Information.

## LERNTEST

Wenn Sie das erste Kapitel gelesen haben, müssen Sie die folgenden Fragen beantworten können.

Bitte kreuzen Sie die richtige Antwort an, bzw. ergänzen Sie die Textlücken. Auf Seite 22 finden Sie die Auflösung.

**1. Lernen heißt die W**ahrscheinlichkeit **verändern, mit der ein bestimmtes Verhalten in einer bestimmten Sit**uation **auftritt.**

**2. Woran stellt man fest, ob ein Lernprozeß stattfindet?**

A. Man muß einen Lerntest machen.

x B. Daran, daß sich die Wahrscheinlichkeit verändert, mit der ein bestimmtes Verhalten in einer bestimmten Situation auftritt.

C. Der Lehrer muß sich durch ständiges Rückfragen vom Fortschreiten des Lernprozesses überzeugen.

**3. Nennen Sie bitte mindestens drei Ursachen von Verhaltensänderungen, die nicht durch Lernen erklärt werden können:**

1. Alkohol
2. Reifung
3. Erkrankung
4. __________

**4. Meinen Sie, daß nur richtiges Verhalten durch Lernen gefördert werden kann?**

A. Ja

x B. Nein

## C Lesen Sie § 7 StVG!

§ 7. *(Haftung des Fahrzeughalters)* (1) Wird bei dem Betrieb eines Kraftfahrzeugs ein Mensch getötet, der Körper oder die Gesundheit eines Menschen verletzt oder eine Sache beschädigt, so ist der Halter des Fahrzeugs verpflichtet, dem Verletzten den daraus entstehenden Schaden zu ersetzen.

(2) [1] Die Ersatzpflicht ist ausgeschlossen, wenn der Unfall durch ein unabwendbares Ereignis verursacht wird, das weder auf einem Fehler in der Beschaffenheit des Fahrzeugs noch auf einem Versagen seiner Verrichtungen beruht. * Als unabwendbar gilt ein Ereignis insbesondere dann, wenn es auf das Verhalten des Verletzten oder eines nicht bei dem Betrieb beschäftigten Dritten oder eines Tieres zurückzuführen ist und sowohl der Halter als der Führer des Fahrzeugs jede nach den Umständen des Falles gebotene Sorgfalt beobachtet hat.

(3) [1] Benutzt jemand das Fahrzeug ohne Wissen und Willen des Fahrzeughalters, so ist er an Stelle des Halters zum Ersatz des Schadens verpflichtet; daneben bleibt der Halter zum Ersatz des Schadens verpflichtet, wenn die Benutzung des Fahrzeugs durch sein Verschulden ermöglicht worden ist. [2] Satz 1 findet keine Anwendung, wenn der Benutzer vom Fahrzeughalter für den Betrieb des Kraftfahrzeugs angestellt ist oder wenn ihm das Fahrzeug vom Halter überlassen worden ist.

**Beantworten Sie nun bitte folgende Fragen:**

1. Müssen Sie Ihre Erwartungen aufgrund dieses Paragraphen korrigieren?
2. Findet sich in dem vorliegenden Text eine Antwort auf Ihre Fragen?
3. Können Sie den Katalog Ihrer Erwartungen erweitern?
4. Ergeben sich aus dem Gelesenen weitere wichtige Fragen?

**5. Wenn ein Mensch durch Lernen sein Verhalten ändert, wie können Sie dann beschreiben, was Sie an ihm beobachten?**

A. Die Wandlung nimmt längere Zeit in Anspruch.
B. Sein Wesen ändert sich, allerdings nur scheinbar.
x C. Er verhält sich anders, als er sich vorher in der gleichen Situation verhalten hätte.

**6. Was ist »Konditionieren«?**

A. Eine Art Konditionstraining für solche, die viel lernen müssen.
B. Die vergleichende Auswertung von mehreren wissenschaftlichen Lerntheorien.
x C. Eine Technik, bei der durch gezielte Bedürfnisbefriedigung (Verstärkung) die Wahrscheinlichkeit verändert wird, mit der ein bestimmtes Verhalten in einer bestimmten Situation auftritt.

**7. Wie werden einfache Lernprozesse gesteuert?**

A. Durch genaue Definition des »richtigen« Verhaltens, also des Verhaltens, das gelernt werden soll.
x B. Durch Verstärkung des »richtigen« Verhaltens.

**8. Was haben die Kategorien »richtig« und »falsch« mit Lernen zu tun?**

A. Nur wer »richtig« lernt, hat Erfolg.
x B. Für die Definition dessen, was Lernen bedeutet, sind diese Kategorien unwichtig.
Sie sind jedoch gebräuchlich für die Unterscheidung von solchem Verhalten, das dem jeweils gesetzten Lernziel entspricht (»richtig«) und solchem Verhalten, das dem zu lernenden Verhalten (Lernziel) nicht entspricht (»falsch«).

**Das hätte Ihnen beispielsweise einfallen können:**

**Erwartungen:**

1. Wenn ich Schadenersatz oder Schmerzensgeld erhalten will, muß ich nachweisen, daß ein anderer für meinen Schaden haftet.

2. Er haftet für meinen Schaden, wenn ein Anspruch auf Schadenersatz besteht.

3. Ein Anspruch auf Schadenersatz kann nach der Gefährdungshaftung und/oder nach der Verschuldenshaftung geltend gemacht werden.
   Dieser Gedanke ist entscheidend.

**Fragen:**

1. Hat ein anderer für die Gefährdung, die von seinem Fahrzeug ausgeht, einzustehen?

2. Liegt ein Verschulden vor, auf das sich ein Schadenersatzanspruch stützen kann?

Auf Frage 1 gibt das Straßenverkehrsgesetz (StVG) Antwort, auf Frage 2 das Bürgerliche Gesetzbuch (BGB).

**Lösungen zum Lerntest**

1. Lernen heißt die **Wahrscheinlichkeit** verändern, mit der ein bestimmtes Verhalten in einer bestimmten **Situation** auftritt.

2. B ist richtig.

3. Alkoholgenuß, der Einfluß von Psychopharmaka, Ermüdung, Reifung, Erkrankung oder eine vorübergehend veränderte Motivationslage. (Eine langfristig veränderte Motivationslage ist oft sekundär durch Lernen oder einen der zuerst genannten Faktoren zu erklären.)

4. Nein.

5. C ist richtig.

6. C ist richtig.

7. B ist richtig.

8. B ist richtig.

**B** Notieren Sie Ihre Fragen und Erwartungen. Was glauben Sie schon zu wissen, und was glauben Sie fragen zu müssen?

Bitte blättern Sie erst weiter, wenn Sie obige Frage erschöpfend beantwortet haben.

Zweites Kapitel

## Etwas zur Kenntnis nehmen

Berge von Informationen müssen Sie täglich zur Kenntnis nehmen, prüfen und auswerten. Schon in der ersten Phase, wenn Sie etwas zur Kenntnis nehmen, können Sie Lernzeit einsparen.

Wie Sie vorgehen müssen, erklärt Ihnen dieses Kapitel. Es behandelt drei Gesichtspunkte.

1. Grenzen der Informationsverarbeitung im Nervensystem.
2. Wovon die Verarbeitungsgeschwindigkeit abhängt.
3. Wie man sich konzentrieren kann.

## Ein Beispiel aus dem Straßenverkehrsrecht

Sie befanden sich mit Ihrem PKW auf einer Bundesstraße, als plötzlich ein Traktor mit einem voll beladenen Heuwagen von rechts aus einer vorfahrtspflichtigen Straße kommend vor Ihnen die Fahrbahn kreuzte. Der Traktor hätte anhalten müssen. Aber er bremste nicht einmal. Ein Zusammenstoß war unvermeidbar. Sie haben sich einen Schlüsselbeinbruch und schmerzhafte Prellungen am Knie zugezogen. An Ihrem Fahrzeug ist ein Sachschaden von ca. 2 000,– DM entstanden.

Wie ist die Rechtslage? Das wollen Sie klären.

**START**

### A Lernzielanalyse

| | |
|---|---|
| **Was** soll gelernt werden? | Gegen wen Sie welche Ansprüche stellen können und wie Sie Ihre Ansprüche rechtlich begründen. |
| **Warum?** | Sie fürchten, ohne eigene Sachkenntnis in dem anstehenden Prozeß Ihre Ansprüche nicht voll zur Geltung bringen zu können. |
| **Wie** müssen Sie es wissen? | Nicht unbedingt auswendig. Sie können Notizen, Gesetzestexte und juristische Literatur als externe Speicher benutzen. |
| **Wann** | Möglichst sofort, und dann dürfen Sie es bis zum Abschluß des Verfahrens nicht mehr vergessen. |

Erster Abschnitt

## Grenzen der Informationsverarbeitung im Nervensystem

Information, die wir brauchen, um ein Lernziel zu erreichen, müssen wir aus einer Flut von Reizen herausfiltern.

**So müssen Sie beim Lernen aus Fachbüchern vorgehen.**

A — Lernzielanalyse

↓

B — Stellen Sie fest, was Sie bereits wissen oder erschließen können. Notieren Sie Ihre Fragen und Erwartungen in der Ordnung einer mutmaßlichen Systematik des zu erarbeitenden Stoffs.

↓

C — Untersuchen Sie den Lehrtext (bzw. einen Abschnitt davon) nach wichtigen Informationen. Wichtig ist, was Sie wissen müssen, um Ihr Lernziel zu erreichen.

Prüfen Sie anhand der erhaltenen Information Ihre Erwartungen und formulieren Sie Antworten auf Ihre Fragen.

↓

D — Untersuchen Sie, ob sich aus dem Gelesenen Konsequenzen in bezug auf die Definition Ihres Lernziels ergeben? Müssen Sie es neu definieren, müssen Sie es erweitern oder präzisieren?

↓

E — Wenn Sie Ihr Lernziel nicht ändern müssen und den in der Lernzielbeschreibung festgelegten Lernerfolg erreicht haben, sind Sie fertig. Andernfalls beginnen Sie ein weiteres Mal mit A bzw. B. Legen Sie dabei dann auch das neu erworbene Wissen zugrunde.

**Schon unsere Sinnesorgane begrenzen die Fülle der möglichen Eindrücke.**

**Mit unseren Sinnen können wir nur einen geringen Teil der Objektwelt wahrnehmen. Wir sehen keine Atome, kein ultraviolettes Licht, hören keine Radiowellen, spüren keine Röntgenstrahlen.**

Aber selbst das, was unsere Augen sehen, unsere Ohren hören, unsere Hände ertasten, . . .

. . . ist zuviel, um es zu überschauen und bewußt zur Kenntnis zu nehmen, bevor es »verflogen« ist.

Wir konzentrieren unsere Aufmerksamkeit darum jeweils auf einen kleinen ______________ dessen, was unsere Sinne wahrnehmen.

2. Übung:

**Lernen aus Fachbüchern**

Selbst wenn Sie meinen, nur diese Übung könnte für Sie wichtig sein, sollten Sie zuerst die beiden Übungen zum Auswendiglernen durcharbeiten. Sonst fehlen Ihnen wichtige Informationen und Erfahrungen.

Beim Auswendiglernen gibt es lediglich methodische Probleme. Beim Lernen aus Fachbüchern besteht größere Unsicherheit. Wenn Sie sich in ein neues Thema einarbeiten oder einen neuen Forschungsbeitrag zur Kenntnis nehmen, müssen Sie mit Informationen rechnen, die alles bisher Bekannte, alle Konzepte, die Sie dazu bereits entwickelt haben, in völlig neuem Licht erscheinen lassen. Weil die beschriebenen Zusammenhänge in den meisten Fällen offene Superzeichen (vgl. Seite 82 und 83!) darstellen und darum immer Raum für Innovationen bleibt.

Trotz dieser Unsicherheit müssen Sie Ihr Lernziel präzise definieren, auch auf die Gefahr hin, daß Sie es im Laufe der Lernarbeit mehrfach erweitern oder präzisieren oder völlig umwerfen müssen. Sonst besitzen Sie kein Kriterium, um zwischen Wesentlichem und Unwesentlichem zu unterscheiden. Sie ertrinken in der Fülle der Informationen.

Dieser Ausschnitt ist begrenzt. Zwar registrieren unsere Sinnesorgane ständig eine unüberschaubare Fülle von Bildern, Geräuschen und anderen Reizmustern, aber höchstens 16 bit der aufgenommenen Information werden uns pro Sekunde bewußt. *

Bitte prüfen Sie nun wieder Ihr Verständnis. Ergänzen Sie das fehlende Wort.

1 bit ist ______________________.

A. ein Informationsmaß
B. die Bewußtseinsgrenze

Um 1 bit bewußt zur Kenntnis zu nehmen, brauchen Sie mindestens ____ Sekunden.

* Bereits 1900 ist der Forscher O. Raif auf diese Grenze aufmerksam geworden, als er Untersuchungen über die Fingerfertigkeit beim Klavierspielen anstellte. Intensiver wurde das Problem jedoch erst nach 1950 erforscht. Seit wenigen Jahren können wir nun mit einiger Sicherheit Angaben machen. In Deutschland haben sich unter anderen Prof. Helmar Frank und Harald Riedel mit einschlägigen Untersuchungen bekannt gemacht. Prof. Frank ist Mathematiker und Pädagoge. Er leitet das Kybernetische Institut der Pädagogischen Hochschule Berlin. Harald Riedel arbeitet als Kybernetiker in Hamburg.

---

»Ausschnitt« oder »Teil«

## WIEDERHOLUNGSPLAN

In vier Stunden werden Sie wieder viel vergessen haben. Dann sollten Sie den gesamten Wortlaut aus den verbliebenen Informationsresten, die Ihnen noch einfallen, rekonstruieren.

Einen Tag später versuchen Sie es noch einmal. Und dann wieder nach drei Tagen, wieder nach neun Tagen. Danach warten Sie einen ganzen Monat, dann drei Monate, dann neun Monate.

**1 bit ist die Information, die zwischen zwei gleichwahrscheinlichen Möglichkeiten unterscheidet.**

Wissen Sie, welches Zeichen (Punkt oder Kreis) in das letzte Kästchen gehört?

Die Zeichenfolge ist ohne eindeutige Systematik.

Sie können es nicht wissen, denn aus der Zeichenfolge geht die Antwort nicht hervor.

Wieviel Information fehlt Ihnen?
_____ bit.

A. ein Informationsmaß
Um 1 bit bewußt zur Kenntnis zu nehmen, brauchen Sie mindestens 1/16 Sekunde.

Jetzt müßten Sie den § 1 der Straßenverkehrsordnung fehlerlos niederschreiben können.

Wenn Ihnen noch Fehler unterlaufen sind, müssen Sie die Gründe untersuchen. Sind Ihnen die Zusammenhänge noch nicht klar genug? Haben Sie vielleicht wichtige Einzelheiten überhaupt noch nicht bewußt zur Kenntnis genommen?

Dann lesen Sie noch einmal die Seiten 137–139 und 146/147!

Diese Information fehlte.

Sie beträgt 1 bit, weil an der bezeichneten Stelle nur zwei Zeichen erwartet werden konnten, zwei gleichwahrscheinliche Zeichen,

Wieviel Information fehlt in dem folgenden Telegrammtext?

> H ute kommen mit dem Abendzug
>
> Baldur

Soll das eine Einladung sein? → Heute

Oder schickt Baldur einen Ballen abgezogene Häute? → Haeute

Es fehlt ____ bit Information.

---

1 bit

---

Jetzt sollten Sie den Wortlaut bereits rekonstruieren können. Bitte versuchen Sie es. Schreiben Sie den gesamten Text in das freie Feld. Blättern Sie bitte nicht zurück.

§ 1 der Straßenverkehrsordnung

Wenn Sie fertig sind, vergleichen Sie bitte mit dem Originaltext. Falls Ihnen Fehler unterlaufen sind, versuchen Sie herauszufinden, mit welchen logischen Schlüssen diese Fehler rechtzeitig hätten aufgedeckt werden können.

Beispielsweise könnte Ihnen auffallen, daß die Reihenfolge der Schutzanliegen ihrer Bedeutung entspricht: Schutz vor Schaden, vor Gefahr, vor Behinderung und vor Belästigung.

Sie können noch andere Zusammenhänge entdecken, um das Lernen leichter zu machen. Bitte versuchen Sie es, bevor Sie weiterlesen.

Es gibt zwei mögliche Deutungen des Telegramms. Beide Deutungen sind gleichwahrscheinlich. Aufgrund weiterer Information müssen Sie sich für die eine oder andere entscheiden.

**Die zwischen zwei gleichwahrscheinlichen Möglichkeiten entscheidende Information ist**

**1 bit**

Sie brauchen also noch 1 bit Information, um ausreichend orientiert zu sein.

In $^1/_8$ Sekunde können Sie soviel Information bequem verarbeiten. Theoretisch wäre es sogar denkbar, daß $^1/_{16}$ Sekunde dazu ausreicht.

Aber wie sieht es in der Praxis aus? Wie lange brauchen Sie, um zwischen zwei gleichwahrscheinlichen Möglichkeiten zu entscheiden? Wie aufwendig ist es, dieses letzte bit Information zu beschaffen?

**1 bit**

Die Straßenverkehrsordnung dient

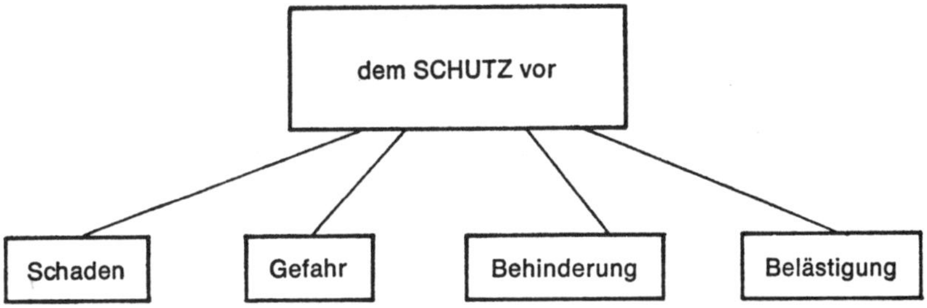


Nun müssen Sie nur noch eins wissen, bevor Sie den Text des § 1 der Straßenverkehrsordnung zur Kenntnis nehmen. Der Paragraph, den Sie lernen wollen, ist ein Grundsatzparagraph. In ihm soll der gesamte Inhalt der Straßenverkehrsordnung mit wenigen Worten zusammengefaßt werden.
Der Wortlaut des § 1 der Straßenverkehrsordnung:

**Die Teilnahme am Straßenverkehr erfordert ständige Vorsicht und gegenseitige Rücksicht.**
**Jeder Verkehrsteilnehmer hat sich so zu verhalten, daß kein anderer geschädigt, gefährdet oder mehr, als nach den Umständen unvermeidbar, behindert oder belästigt wird.**

Bitte streichen Sie sich an, was Ihnen jetzt noch neu war.

Sie brauchen mehr Zeit. Zum Beispiel, wenn Sie bei Baldur anrufen. Sie werden wahrscheinlich nicht nur den fehlenden Buchstaben zu hören bekommen, sondern einen ganzen Redeschwall: die üblichen Begrüßungsfloskeln, erstauntes Fragen, tausend Entschuldigungen oder Schimpfen über die Post und schließlich noch einen langen Satz, dem Sie vielleicht entnehmen können, ob Sie am Abend kommen sollen oder nicht.

**500 bit für die Verpackung**

Die Information, die Sie einzig interessiert, wird in ein ganzes Bündel von Trägerinformationen verpackt. Sie müssen lange zuhören, vielleicht noch einmal zurückfragen, um aus dem ganzen herauszufinden, was Sie eigentlich wissen wollten.

Vielleicht müssen Sie einen Redeschwall von 500 bit zur Kenntnis nehmen und verarbeiten, um (der langen Rede kurzen Sinn) 1 bit _______________________ Information zu gewinnen.

Frage A sollten Sie in diesem Sinne beantwortet haben:

Die Straßenverkehrsordnung dient dem Schutz der Verkehrsteilnehmer und aller anderen von den Auswirkungen des Straßenverkehrs betroffenen Personen. Darüber hinaus soll sie eine flüssige Abwicklung des Straßenverkehrs gewährleisten.

Vergleichen Sie nun bitte die Antwort auf Frage B:

Jeder Verkehrsteilnehmer muß sich und alle anderen Verkehrsteilnehmer aufmerksam beobachten. Er muß sich vorsichtig verhalten und Rücksicht üben.

Wenn Sie unerwartete Gesichtspunkte in den Antworten entdeckt haben, dann (vgl. Sie Seite 107 bis 109) haben Sie Innovationen erfahren, die Sie nutzen können. Prüfen Sie, warum Sie eine andere Antwort gefunden haben und ob oder warum die hier abgedruckte Antwort besser ist. Lesen Sie erst weiter, wenn Sie Klarheit gewonnen haben.

2. Jetzt beantworten Sie bitte eine weitere Frage. Wovor sollen alle von den Auswirkungen des Straßenverkehrs Betroffenen geschützt werden?

   Bitte notieren Sie Ihre Antwort: ______________________

   ______________________________________________

   ______________________________________________

Die Probleme und Interessen des einzelnen entscheiden darüber, was für ihn in einer bestimmten Situation bedeutsam ist.

Wenn der Empfänger des Telegramms sich mit Baldur zu einem Treffen verabredet hat und nur noch eine Terminangabe erwartet, kann es nur heißen: »**Heute kommen**...« Eine zusätzliche Bestätigung von Baldur, daß in dem Wortfragment **H  ute** ein **e** zu ergänzen sei, hätte darum welchen Informationswert?

____ bit.

... für Sie wichtige ... / oder ... für Sie bedeutsame ...

Der Text des Paragraphen enthält 33 Wörter mit einem durchschnittlichen Informationsgehalt von knapp 5 bit. (Faustregel: ein Wort im Satzzusammenhang transportiert in der Regel zwischen 4 bis 5 bit Information.)

Wenn Sie den Paragraphen einpauken, brauchen Sie also bei höchster Konzentration ca. 330 Sekunden oder 5 Minuten und 30 Sekunden.

Wenn es Ihnen gelingt, den Informationsgehalt des Paragraphen durch ein besonders gründliches Verständnis abzubauen, brauchen Sie weniger Lernzeit. Wie können Sie das erreichen?

1. Prüfen Sie, was Ihnen möglicherweise bereits vorher klar sein kann. Dazu helfen Ihnen folgende Fragen.

   A. Wozu dient die Straßenverkehrsordnung?

   Bitte notieren Sie Ihre Antwort: ____________________

   ______________________________________________

   ______________________________________________

   B. Was muß jeder Verkehrsteilnehmer tun, damit der Zweck, dem auch die Straßenverkehrsordnung dient, erreicht wird?

   Bitte notieren Sie Ihre Antwort: ____________________

   ______________________________________________

   ______________________________________________

   ______________________________________________

   Blättern Sie bitte erst weiter, wenn Sie eine Antwort gefunden haben, die Sie befriedigt.

Wenn der Empfänger des Telegramms einen Ballen Häute erwartet, ist auch alles klar. Die Mitteilung, daß im Text ein **ae** zu ergänzen sei, hätte keinen Informationswert.

Nur in einer Situation der Ungewißheit, wenn beide Deutungen möglich sind, bekommt eine solche Mitteilung plötzlich Gewicht. Sie transportiert die zwischen den beiden möglichen Deutungen entscheidende Information.

In vielen Situationen des Alltags stehen mehr als zwei Möglichkeiten offen. Und meist sind diese Möglichkeiten auch nicht gleichwahrscheinlich. Dann wird die Berechnung des Informationsgehalts einer Nachricht komplizierter.

Wann also besitzt eine Nachricht für ihren Empfänger Informationswert?

A. Wenn sie mehrere Deutungen zuläßt.
B. Wenn bis zu ihrem Eintreffen ungewiß ist, welche von mehreren möglichen Lösungen, Erklärungen, Deutungen, Nachrichten oder anderen Informationen zutrifft, und wenn genau diese Unsicherheit durch die einkommende Nachricht beseitigt wird.

---

**0 bit**

1. Übung:

**Teil B »Auswendiglernen«**

Lernen Sie den § 1 der neuen Straßenverkehrsordnung!

## Lernzielbeschreibung

| | |
|---|---|
| **Was** soll gelernt werden? | § 1 der neuen Straßenverkehrsordnung |
| **Warum?** | Erstens: Zur Einübung in die Technik des Auswendiglernens<br>Zweitens: Um mehr Sicherheit als Teilnehmer am Straßenverkehr zu gewinnen. |
| **Wann** soll es gekonnt sein? | Vorerst während der nächsten fünf Jahre, und zwar immer dann, wenn Sie sich Gedanken über Verkehrsprobleme machen. |
| **Wie** soll es gekonnt sein? | Auswendig, ohne Stocken. |

Bitte machen Sie jetzt eine Pause von zwei bis fünf Minuten, nicht länger. Entspannen Sie sich und unternehmen Sie nichts Neues.

Solche Pausen sind wichtig, damit das Gelernte besser eingeprägt wird.

Antwort B ist richtig

## WIEDERHOLUNGSPLAN

**Nach vier Stunden** nehmen Sie das Gedicht erneut vor.

Aber lernen Sie den Text nicht neu. Das kostet zu viel Zeit. Sie müssen ihn **rekonstruieren** und dann vergleichen, ob Ihre Rekonstruktion dem Original entspricht.

**Morgen,** etwa um die gleiche Zeit, entspannen Sie sich für 3–5 Minuten, um Gedächtnishemmungen abzubauen. Konzentrieren Sie sich. Überfliegen Sie in Gedanken den Text und seinen Aufbau, und tragen Sie das Gedicht vor.

Zweiter Abschnitt:

**Wovon die Verarbeitungsgeschwindigkeit abhängt**

Eines der Hauptprobleme beim Lernen: Aus der Flut der auf uns einströmenden Informationen muß das Wichtige herauskristallisiert werden. Denn jede zur Kenntnis genommene Information blockiert unsere Aufmerksamkeit eine Zeitlang für alles andere. Bereits die Kenntnisnahme von Information verbraucht Zeit. Höchstens 16 bit Information können in einer Sekunde aufgenommen werden. Besonders gut wird diese Höchstleistung von Zwanzigjährigen erreicht. Bei Jüngeren und Älteren liegt diese Leistungsgrenze wesentlich niedriger.

So nimmt die Leistung bis zum 70. Lebensjahr nach formalen quantitativen Kriterien ab:

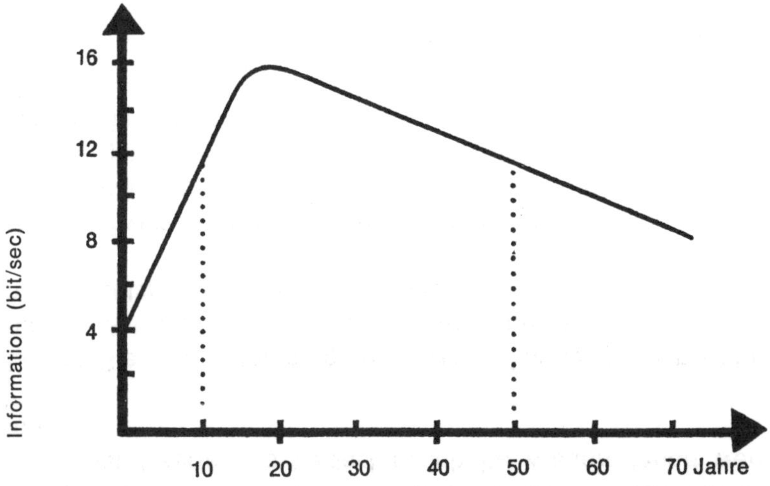


Wo liegt ungefähr die Leistungsgrenze eines Zehnjährigen und eines Fünfzigjährigen?

Bei _____ bit/sec

Wenn nach der Qualität der Informationsverarbeitung gefragt wird, sieht die Kurve allerdings anders aus. Dann kann sie – je nach Training – bis ins hohe Alter steigen.

Beim Lernen geht es nicht darum, möglichst viel Information abzuspeichern, sondern es geht darum, ein zu bildendes Konzept (hier das Konzept eines Gedichts) **mit möglichst geringem Kapazitätsaufwand** fest im Gedächtnis zu verankern. Sie sollten für jede Lernaufgabe so wenig Gedächtniskapazität beanspruchen wie eben möglich.

Dazu ist das Vergessen eine ideale Hilfe. Es zwingt dazu, auch mit wenig Information aus dem Gedächtnis auszukommen, wenn alte weitgehend zerfallene Gedächtnisinhalte wiedererinnert werden müssen.

Lernen Sie nun selbständig den zweiten Teil des Gedichts auf die gleiche Art. Finden Sie selbst immer neue logische Zusammenhänge, Entsprechungen, Umkehrungen ...

Normalerweise würden Sie bei höchster Konzentration etwa 7 Minuten brauchen, um sich den Wortlaut einzuprägen. Aber Sie können jetzt schon 2 Minuten sparen. In spätestens 5 Minuten sollten Sie fertig sein.

Etwa 10 bit Information pro Sekunde können praktisch von jedem normalen Erwachsenen zur Kenntnis genommen werden. Informationen, die darüber hinaus zur Kenntnisnahme angeboten werden, »rauschen« vorbei.

Versuchen Sie einmal zu schätzen, wieviel bit pro Sekunde durch unsere Sinnesorgane aufgenommen werden können!

10 bit
100 bit
100 000 bit
10 Millionen bit
mehr als 500 Millionen bit

Bei etwa 12 bit/sec

Jetzt prüfen Sie, ob Ihre Rekonstruktion dem Originaltext exakt entspricht. Sollten Sie dabei Fehler entdecken, prüfen Sie bitte, wie sie durch logische Schlüsse oder durch Bezug auf stilistische Eigenarten des Textes hätten vermieden werden können.

Natürlich kann man nicht alles rekonstruieren. Ein Gedicht hat schließlich nicht den streng logischen Aufbau eines mathematischen Beweises, den man vollendet richtig konstruieren kann, ohne jemals davon gehört zu haben. Manche Einzelheiten muß man sich einfach merken. Aber je weniger »Merkwürdiges« übrigbleibt, desto leichter ist es zu behalten.

Letztlich hilft sogar Raten weiter. Denn wenn Sie mit schöpferischer Phantasie das Richtige wiederfinden, werden Sie es sicher wiedererkennen. Es ist leicht, Vergessenes wiederzuerkennen. Die Vergessenskurve für Wiedererkennen verläuft sehr flach. (Vgl. Seite 132!)

**Nachschauen zahlt sich nicht aus!**

Eines sollten Sie beim Lernen möglichst niemals tun: nachschauen, wenn Sie etwas vergessen haben, was Sie schon einmal gewußt haben. Es schadet, wenn Sie die Informationsbindung eines abzuspeichernden Konzepts vermindern wollen.

Mehr als 500 Millionen bit rauschen pro Sekunde über die Nervenbahnen der Sinnesorgane zum Gehirn. Allein die 60 bis 70 Millionen Nervenzellen der Netzhaut können pro Sekunde mehr als 100 Millionen bit zu den Sehfeldern der Hirnrinde feuern.

Zum Glück müssen Sie tatsächlich meist nur 4, 8, 12 oder höchstens 16 bit pro Sekunde zur Kenntnis nehmen, um über das Wesentliche informiert zu sein. Mehr kann keiner **bewußt** verarbeiten – aber vorbewußt, das heißt in Funktionssystemen der Hirnrinde, die nicht vom Bewußtsein kontrolliert werden.

Der Buchstabe i zum Beispiel ...

... wird ____________ aus Zehntausenden von Einzelinformationen in den Sehfeldern der Hirnrinde zusammengesetzt.

A. bewußt
B. vorbewußt

Ein Teil der gespeicherten Information über den Wortlaut des Gedichts ist inzwischen schon wieder zerfallen. Trotzdem sollten Sie ihn noch rekonstruieren können.

Versuchen Sie es. Aber entspannen Sie sich zunächst noch kurz, um Emotionen und Gedächtnishemmungen abzubauen. Danach schreiben Sie bitte die ersten 8 Zeilen des Gedichts in das freie Feld auf dieser Seite.

Das geschieht in Bruchteilen einer Sekunde. Bewußt wird nur das Ergebnis: die Gesamtheit der Einzelinformationen ergibt den Buchstaben »i«. Damit sind die Einzelinformationen selbst »erledigt« und brauchen das Bewußtsein nicht zu belasten. Das ist wichtig. Dadurch wird es frei für wesentlichere Zusammenhänge.

Jede durch die Sinnesorgane aufgenommene Information wird vorbewußt analysiert, zusammengefaßt und ______________.

A. auf Bekanntes zurückgeführt
B. gebündelt

Aber ist die Bezeichnung »Esel« Grund für ein Duell?

Der Dichter erklärt den Zusammenhang.

Da Esel ein __________ ist bei den Ochsen,
So mußten die beiden John Bulle sich boxen.

Der Buchstabe »i« ist uns vertraut. Wir können uns sein Bild jederzeit in Gedanken ausmalen, weil das Gedächtnis ein Abbild dieses Zeichens zur Verfügung hält. Sobald ein bestimmter Sinneseindruck mit dem Abbild (Fachwort: »Konzept«) zur Deckung gebracht werden kann, »erkennen« wir ihn.

Dadurch wird der Informationsgehalt des Sinneseindrucks drastisch verringert. Das Wesentliche tritt klar hervor.

**WAS? WARUM? WIE?**

Beim Korrekturlesen eines Probedrucks hätten Sie die kleine Macke im a des **»Was«** sicher bemerkt. Hier haben Sie die kleine Unschönheit wahrscheinlich übersehen, denn sie ist Ihnen unwichtig. Warum sollte man Bewußtseinskapazität für Nebensächlichkeiten vergeuden.

Zum Unwesentlichen gehören für routinierte Leser sogar die Buchstaben eines Wortes. Wörter oder Sinneinheiten werden als »Ganzes« bewußt. Das Entziffern der Buchstaben ist für Geübte eine Routinesache, die vorbewußt erledigt werden sollte. Dazu ist keine Bewußtseinskapazität erforderlich.

B______ wird nur die Bedeutung, vielleicht nicht einmal mehr der Klang der Worte.

---

A. ist richtig

---

Haben Sie bemerkt, daß jeweils zwei aufeinanderfolgende Zeilen einen Reim bilden? Darauf müssen Sie achten. Denn auch solche Beobachtungen können Ihnen später helfen, Vergessenes zu rekonstruieren.

____________________ sich
____________________ fürchterlich.
____________________ Blutes,
____________________ Disputes,
____________________ zornentbrannt,
____________________ genannt.

Bei leichtverständlichen Texten muß auch die Bedeutung der einzelnen Wörter nicht mehr bewußt werden. Wenn der Sinn eines Satzes oder Abschnitts deutlich wird, genügt das.

Von einem Kind, das gerade lesen lernt, können Sie das nicht erwarten. Kinder müssen buchstabieren, solange sie noch nicht genügend routiniert sind, um die einzelnen Buchstaben vorbewußt zu einem Sinnganzen zusammenzusetzen.

Wenn ein Professor und ein Schüler im zweiten Schuljahr die gleiche Geschichte in einem Lesebuch lesen, wer nimmt dann mehr Information **bewußt** zur Kenntnis?

A. der Schüler
B. der Professor

**Bewußt**

Der Grund wurde noch nicht genannt, der Grund, weshalb es zum Duell kam.

Aber wiederholen Sie doch noch einmal schnell in Gedanken den Anfang des Gedichts, damit Sie den Faden nicht verlieren.

______________________ sich
__________________________
________ beide ___________
und in der Hitze des Disputes

Jetzt muß es kommen. Was ist der Grund?

Und in der Hitze des Disputes
Hat einer von ihnen zornentbrannt
Den anderen einen Esel genannt.

Teilweise ist die Prozedur des Informationsabbaus durch die Organisation des Nervensystems festgelegt. Aber zu einem wesentlichen Teil wird sie durch Lernen entwickelt.

Dieser Lernprozeß beginnt schon im Säuglingsalter. Bereits in den ersten Monaten lernt das Kleinkind Sinneseindrücke zu ordnen und zusammenzufassen und ihre gedanklichen Abbilder (Fachwort: »Konzepte«) dem Gedächtnis einzuprägen.

Hell und dunkel – bewegt und unbewegt – eckige und runde Form: Das zum Beispiel sind einige der Basiskonzepte des Sehens, die zuallererst unterschieden werden.

Die Entwicklung schreitet zügig voran. Bald müssen immer weniger Einzelinformationen bewußt verarbeitet werden. Die Orientierung gelingt schneller und sicherer mit Hilfe einiger zusammenfassender Konzepte.

Ein blind geborener Mensch, der erst in späterem Alter durch einen chirurgischen Eingriff sehend wird – etwa beim angeborenen grauen Star –, hat diese Technik des Sehens nicht gelernt. Die Fülle der auf ihn einströmenden optischen Reize ist für ihn lange Zeit überwältigend und völlig verwirrend.

Warum?

A. Er weiß noch nicht, was seine Augen sehen, denn er hat es noch nicht gelernt.
B. Die von den Augen gelieferte Information kann noch nicht auf einige wenige überschaubare Konzepte reduziert werden. Daher reicht die Bewußtseinskapazität zur Verarbeitung der optischen Eindrücke nicht aus.

---

A. Der Schüler muß sich bewußter mit dem Schriftsatz auseinandersetzen, um ihn zu verstehen. Der Professor hat sogar noch freie Denkkapazität, um vieles in den Text hineinzulesen, was so direkt gar nicht darin steht.

Wann oder wo oder worüber disputierten sich die Ochsen? Und warum mußten sie sich duellieren?

Auf die Frage »**Wo?**« antwortet der Dichter:

... auf einem Hofe fürchterlich.

Ein bißchen überraschend wirkt das »fürchterlich«. Zu den Ochsen paßt es. (Wenn sie in Wut geraten sind.) Zum »Disputieren« nicht.

Für einen Augenblick fängt die stilistisch richtige, aber dennoch im ersten Moment überraschende (und darum informationsreiche *) Charakterisierung des Ochsendisputs die Aufmerksamkeit.

Dies wohl berechnend, hält der Dichter das Bild noch einen Augenblick fest.

Sie waren beide zornigen Blutes...

Natürlich, wenn der Disput das Vorspiel zu einem Duell abgeben soll, ist das nicht anders zu erwarten. Aber der Disput ist eben nur das Vorspiel. Was der Leser immer noch nicht weiß, ist...

---

Welche wichtige Angabe erwartet der Leser in den nächsten Zeilen?

---

* Vgl. Seite 78

Jede Wahrnehmung muß vorbewußt auf geläufige Konzepte umkodiert werden, um nicht unnötig viel Bewußtseinskapazität zu beanspruchen.

Das gelingt nicht allen Menschen gleich gut. Intelligente und trainierte Personen können komplizierte Sachzusammenhänge schneller und besser auf eine einfache Formel bringen. Weil sie mehr und bessere Konzepte entwickeln.

Davon aber hängt die Geschwindigkeit ab, mit der Nachrichten zur Kenntnis genommen werden können. Denn wenn Nachrichten mit einfachen, zusammenfassenden Konzepten erfaßt werden, muß weniger Information bewußt verarbeitet werden, um sie zur Kenntnis zu nehmen. So kann der eine den Informationsgehalt eines Briefes zum Beispiel vorbewußt auf 200 bit zusammenfassen. Er muß also nur noch 200 bit Information bewußt zur Kenntnis nehmen. Ein anderer muß 400 bit Information zur Kenntnis nehmen, um denselben Brief zu verstehen.

Wenn beide mit äußerster Konzentration arbeiten, braucht der erstere also ____________________ Zeit wie der letztere.

A. halb soviel
B. genausoviel

Für den, der schneller und besser lernen möchte, kommt es also darauf an, geeignete Konzepte (z. B. geeignete Ordnungssysteme oder Schlüssel für logische Verknüpfungen zwischen verschiedenen Wissenselementen, sogenannte »Operatorkonzepte«) zu entwickeln und routiniert gebrauchen zu lernen. Dadurch wird das Bewußtsein entlastet – wie beim Lesen oder Autofahren, wo bei wachsender Routine immer mehr Teilfunktionen vorbewußt gesteuert werden können.

B. ist richtig

Im Grunde würde die erste Zeile genügen, um zusammen mit der Überschrift die dem Autor wichtige Mitteilung zu erschließen. Alles, was noch folgt, ist im Grunde nur noch eine Variation der Verpakkung für den gleichen Inhalt. Es werden neue Zusammenhänge deutlich, um die Satire prägnanter zu machen. Aber ein weiteres Anliegen des Dichters kommt bis zum Schluß des Gedichts nicht zum Ausdruck.

Nun aber kennen Sie diese Zusammenhänge. Vielleicht können Sie sich daher selbst zusammenreimen, wie der Text weitergeht. Auf welche Fragen sollte die nächste Zeile Auskunft geben?

»Zwei Ochsen disputierten sich ...«

Wie mag das Gedicht weitergehen?

Zwei Minuten

A. halb soviel

Das sind Stilmittel des Autors: Er läßt Ochsen und Esel als Ehrenmänner auftreten und benutzt Worte aus dem Sprachschatz der vornehmen Welt:

Disput (Streitgespräch)
titulieren (anreden)
tuschieren (beleidigen)

– um »zwischen-tierische« Beziehungen zu beschreiben. Das Ganze reimt er in »Feld-Wald-und-Wiesen-Versen« zusammen.

**Fassen wir zusammen:**

In satirischer Absicht wird der Kampf um die Ehre von Ehrenmännern, sprich »Ochsen und Eseln«, beschrieben. Doch die Ehre, um die sie sich prügeln, wird als ein Produkt wahnwitziger Überschätzung der eigenen Art entlarvt.

Schon die erste Zeile des Gedichts gibt die Absicht des Autors preis:

»Zwei Ochsen disputierten sich ...«

Und da Sie diese Absicht kennen, dazu den Inhalt und die Stilmittel des Autors, können Sie kaum einen anderen Anfang erwarten.

Dritter Abschnitt:

## Wie man sich konzentrieren kann

Um diesen wichtigen Abschnitt zu verstehen, müssen Sie ein Experiment kennen. Vor nun schon mehr als zehn Jahren wurde es in amerikanischen Laboratorien mehrfach durchgeführt.

Es wurde geprüft, wie sich die Wahrnehmungen einer Katze in den elektrischen Erscheinungen des Gehirns widerspiegeln.

Einem Versuchstier wurde eine Tiefenelektrode in den Bereich der Nervenbahnen eingeführt, die vom Ohr herkommende Impulse an die Hirnrinde übermitteln. Eine andere sollte optische Eindrücke abtasten, die in die Sehfelder der Hirnrinde gelangen.

Über elektrische Leitungen und einen Verstärker wurde das Tier direkt an einen Spezialcomputer angeschlossen, der die aufgezeichneten Hirnströme laufend analysierte.

In einem ersten Teil des Versuchs hielt man die Katze in einem abgeschirmten Raum, in dem lediglich ein Wecker tickte. Der Computer registrierte das Ticken des Weckers im Hirn der Katze.

Im zweiten Teil des Versuchs wurde eine Maus in der Nähe der Katze ausgesetzt. Sofort erloschen die elektrischen Impulse, die dem Ticken des Weckers entsprachen. Die Katze hörte die Uhr nicht mehr.

Denken Sie bitte kurz darüber nach, und versuchen Sie, diesen Vorgang zu erklären.

Im heftigen Disput nannte einer der beiden Ochsen den anderen einen Esel. Deshalb mußten sie sich duellieren. Die beiden Esel gingen aufeinander los, weil der eine den anderen einen Ochsen gescholten hatte.

Die satirische Absicht des Dichters ist unstreitig. Die gekränkte Mannesehre, deren Kodex das Duell fordert, soll »ad absurdum« geführt werden.

Welche Stilmittel verwendet Heinrich Heine, um das deutlich zu machen?

Stilmittel:

Auch bei Katzen ist die Kapazität der Aufmerksamkeitszuwendung begrenzt. Da das Versuchstier alle verfügbare Aufmerksamkeit auf die Beobachtung der Maus konzentrierte, blieb keine Kapazität mehr frei, mit der das Ticken des Weckers hätte registriert werden können.

Beim Menschen sind es nicht allein die Wahrnehmungen, die die Aufmerksamkeit fesseln. Auch die Phantasie kann Bewußtseinskapazität binden. So total, daß etwa bei einem Kind die Stimme der Mutter oder des Vaters nicht mehr durchdringt, wenn es vom Spiel gefangen ist. Erst wenn die Stimme böse klingt oder besonders liebevoll, reißt sie einen Teil der Bewußtseinskapazität los.

Ein anderes Beispiel: Kinder, die nach Liebe suchen und keine finden, sind schlechte Lerner. Rechnen, Schreiben und Geographie sind für sie nicht mehr als das Ticken eines Weckers für eine Katze, wenn sie eine Maus beobachtet.

Wer an einer Sache kein Interesse hat, wird auch keine Aufmerksamkeit dafür finden. Die Gedanken schweifen ab. Und Gelerntes wird schnell wieder vergessen.

Wer lernen will, muß deshalb zum Lernen motiviert sein – der Lernstoff muß ihn packen. Sonst ist der Erfolg gering, denn seine Bewußtseinskapazität wird nicht voll bereitgestellt, d. h. er kann sich nicht ______________________.

A. selber motivieren
B. auf den Lernstoff konzentrieren

Zwei Duelle werden beschrieben. Ein Duell zwischen zwei Ochsen und ein Duell zwischen zwei Eseln – sicher nicht ohne satirische Absicht.

Aber warum eine solche Absicht? Will der Dichter das Duell als vornehmere Form der Rauferei ins Lächerliche ziehen? Man müßte die Gründe der Duellanten kennen, um seine Absicht besser zu verstehen.

Versuchen Sie sich zu erinnern.

A. Die Gründe für die beiden Ochsen:

---

B. Die Gründe für die beiden Esel:

---

Sollten Sie es nicht mehr wissen und auch nicht rekonstruieren können, blättern Sie bitte eine Seite zurück. Natürlich wäre es besser, wenn Sie das Vergessene mit einem bißchen Phantasie und Verstand rekonstruieren. Das Nachlesen sollte die allerletzte Lösung sein.

Wenn kein Interesse da ist, hilft auch eine energische Willensanspannung recht wenig.

So können Sie es wecken.

☐ Suchen Sie zusammen, was Sie bereits wissen, warum Sie es abgespeichert haben und wozu das wichtig war oder noch werden könnte. Umreißen Sie, was Sie noch wissen müßten, und suchen Sie gezielt nach dieser Information. Belasten Sie sich nicht mit unnützem Ballast.

☐ Schließen Sie sich Freunden an, die das Interesse besitzen, das Sie bei sich selbst vergeblich suchen. Lassen Sie sich anstecken. Dann werden Sie sich besser konzentrieren können.

☐ Suchen Sie Zusammenhänge zu solchen Themen und Problemen, die Sie brennend interessieren, dann kann auch zunächst langweiliger Stoff interessant werden.

☐ Untersuchen Sie den Stoff nach offenen Fragen. Denn angefangene Aufgaben und ungelöste Probleme lassen einen so leicht nicht los.

☐ Wenn Sie sich trotzdem nicht konzentrieren können, müssen Sie zwei Ursachen dafür untersuchen.

1. Den Komplex der medizinischen Gründe wie Krankheit, niedriger Blutdruck, Schlaf-, Bewegungs- oder Sauerstoffmangel, falsche Ernährung usw.

2. Den Komplex der psychischen (seelischen) Gründe wie Enttäuschungen, unbefriedigte Grundbedürfnisse usw.

Suchen Sie einen Arzt beziehungsweise einen Psychologen oder einen Psychotherapeuten auf.

---

B.

---

So könnte Ihre Vermutung lauten:

Ein Duell ist ein Kampf um gekränkte Ehre. Da der Titel von **»Duellen«** (in der Mehrzahl!) spricht, müssen mehrere Streitfälle dieser Art vorkommen.

Aber warum mehrere? Zum Vergleich? Oder zur Bekräftigung einer Aussage?

Bitte lesen Sie jetzt den Text des Gedichts im ganzen.

*Duelle*

Zwei Ochsen disputierten sich
Auf einem Hofe fürchterlich.
Sie waren beide zornigen Blutes,
Und in der Hitze des Disputes
Hat einer von ihnen, zornentbrannt,
Den andern einen Esel genannt.
Da »Esel« ein Tusch ist bei den Ochsen,
So mußten die beiden John Bulle sich boxen.

Auf selbigem Hofe zu selbiger Zeit
Gerieten auch zwei Esel in Streit,
Und heftig stritten die beiden Langohren,
Bis einer so sehr die Geduld verloren,
Daß er ein wildes I-A ausstieß
Und den andern einen Ochsen hieß.
Ihr wißt, ein Esel fühlt sich tuschiert,
Wenn man ihn »Ochse« tituliert.
Und im Zweikampf die beiden stießen
Sich mit den Köpfen, mit den Füßen,
Gaben sich manchen Tritt in den Podex,
Wie es gebietet der Ehre Kodex.

PAUSE

**Start**

Lernen Sie den ersten Teil des Gedichts »Duelle« von Heinrich Heine.

Im Moment wissen Sie nur den Titel. Aber bereits vom Titel können Sie auf den Inhalt schließen. Welchen Inhalt würden Sie erwarten?

Bitte schreiben Sie Ihre Vermutung in das freie Feld.

Ihre Vermutung über den Inhalt des Gedichts:

## LERNTEST

Etwas zur Kenntnis nehmen – das ist die _____ Phase eines jeden Lernprozesses, mit dem wir neues Wissen erwerben.

Bitte lösen Sie die Aufgaben dieses Lerntests aus dem Gedächtnis, und schlagen Sie dann zum Vergleich die angegebenen Seiten auf.
Die Lösung der vorstehenden Aufgabe finden Sie im Text auf Seite 19!

Das haben Sie darüber erfahren:

1. Höchstens ____ bit Information können pro Sekunde bewußt zur Kenntnis genommen werden. Diese formal quantitative Leistungsgrenze ist altersabhängig. _____ jährige schneiden am besten ab.

   Die richtige Lösung finden Sie auf Seite 34!

2. 1 bit, das l_______ m____, entspricht der zwischen zwei g____-w ______________ Möglichkeiten entscheidenden Information.

   Auf Seite 26 und 27 steht alles, was Sie zur Beantwortung dieser Frage wissen müssen.

3. Die Analyse der durch die Sinnesorgane aufgenommenen Information erfolgt (lern- und intelligenzabhängig) weitgehend v___ b_____. Wenn die Sinnesorgane in einer Sekunde 1 Milliarde bit Information aufgenommen haben, muß dieser Informationsbetrag in Bruchteilen einer Sekunde auf wenige bit konzentriert werden. Erst dadurch wird eine b___w_____Kontrolle der Sinneseindrücke möglich.

Bitte vergleichen Sie Seite 36 und Seite 40!

Das Ziel ist klar. Nun müssen Sie den Text zur Kenntnis nehmen und verstehen, um ihn schnell und sicher einprägen zu können.

Zum Lesen des Textes brauchen Sie nicht mehr als 40 Sekunden. Um ihn auswendig zu lernen, müssen Sie bei höchster Konzentration knapp 15 Minuten aufwenden, wenn es Ihnen nicht gelingt, durch ein besonders gründliches Verständnis des Lernstoffs seine Informationsbindung stark zu verringern.

Allerdings, nicht nur das Einspeichern von Information, auch das Denken, das Verstehen kostet Zeit. Ein trainierter Denker mit ausgezeichneten logischen Fähigkeiten braucht wenig Zeit. Wer weniger geschickt ist, braucht mehr.

Darum müssen Sie beides gegeneinander abwägen, die Zeit, die Sie für ein gründlicheres Verständnis aufwenden, und die Zeit, die Sie beim Einprägen des Lernstoffes wieder sparen.

4. Dieser Konzentrationsprozeß ist weitgehend durch die Organisation unseres Nervensystems festgelegt. Aber die Endphase dieses Prozesses ist beeinflußbar, durch Lernen, das heißt durch Bildung von K________ (im Zentralnervensystem gespeicherte Abbilder von Sinneseindrücken).

Bitte vergleichen Sie Ihre Lösung mit den Erläuterungen auf Seite 40 und 41!

5. Je genauer und klarer die K__________ mit Hilfe von Intelligenz und Übung ausgefeilt werden, desto __________ gelingt der Informationsabbau.

A. besser
B. schlechter

Auch hierzu vergleichen Sie bitte Seite 41!

6. Gute Konzepte erlauben also einen sicheren und umfassenden Abbau von Information. Nachrichten aber, deren Informationsgehalt vorbewußt bis auf einen kleinen Rest abgebaut worden ist, können ____________________ zur Kenntnis genommen werden als solche Nachrichten, deren Informationsgehalt vorbewußt nur sehr unvollkommen abgebaut werden konnte.

A. genauso schnell
B. schneller

Vergleichen Sie Ihre Lösung mit dem Text auf Seite 41!

## 1. Übung: Auswendiglernen

Teil A: So lernen Sie ein Gedicht.
Teil B: So lernen Sie den § 1 der neuen Straßenverkehrsordnung.

**Teil A:**

Bevor Sie anfangen zu lernen, müssen Sie Ihr Lernziel festlegen.

### Lernzielbeschreibung

| | |
|---|---|
| **Was** soll gelernt werden? | Ein Gedicht (»Duelle« von H. Heine). |
| **Warum?** | Um eine Technik des Auswendiglernens zu üben. |
| **Wann** soll es gekonnt sein? | Wenn Sie das Gedicht heute lernen, sollen Sie es morgen können. |
| **Wie** soll es gekonnt sein? | Sie sollen es mit Leichtigkeit, ohne Stocken auswendig vortragen können. |

7. Was muß man tun, um sich besser konzentrieren zu können?

1. ____________________
2. ____________________
3. ____________________
4. ____________________

Wenn Sie Ihre Antwort niedergeschrieben haben, blättern Sie bitte zurück nach Seite 45!

Bitte arbeiten Sie diesen Trainingsteil erst durch, wenn Sie die fünf Kapitel des ersten Teils gelesen haben. Sicher werden Sie auch ohne die Kenntnisse, die dort vermittelt werden, das meiste verstehen. Aber ohne die Erläuterungen des ersten Teils sind die hier gegebenen Hinweise zu knapp und gewährleisten keinen abgerundeten Trainingserfolg. Denn dieser Trainingsteil soll Ihnen Gelegenheit bieten, das erworbene Wissen an ausgewählten Beispielen erstmals anzuwenden.

## Die Aufgabengruppen

**1. Auswendiglernen**
**2. Lernen aus Fachbüchern**

## ÜBUNGEN

**Überlegen Sie sich Konzepte, die Ihnen so geläufig sind, daß Sie auch vorbewußt damit operieren können.**

Beispiele:

Die Konzepte für die Ausführung von Teilfunktionen beim Autofahren, Gasgeben, Kuppeln, Schalten, Bremsen, die Sie anfangs mühsam und mit angestrengter Bewußtseinskontrolle gelernt haben.

Das Handlungskonzept »Telefonieren«. Sie können es wahrscheinlich, ohne überhaupt noch darüber nachdenken zu müssen, wie im Schlaf. Wenn Sie viel telefonieren müssen, tun Ihre Hände automatisch das Richtige.

In speziellen Wissensbereichen, die Sie interessieren, operieren Sie mit kompliziertesten Begriffen, ohne jede Schwierigkeit. Sie sind Ihnen in Fleisch und Blut übergegangen.

Wenn Sie in der öffentlichen Verwaltung tätig sind, haben Sie z. B. von dem schwierigen Begriff des »Verwaltungsaktes« oder des »pflichtgemäßen Ermessens« oder der »Beihilfe« ein geläufiges Konzept, mit dem Sie arbeiten können.

Als Biologe haben Sie andere Konzepte, ebenso als Techniker, als Handwerker, als Hausfrau, als Bastler und auch als politischer Klassenkämpfer.

**Bitte nehmen Sie sich zehn Minuten Zeit, um ein paar typische Beispiele auszudenken.**

2. Teil

# So trainieren Sie schnelleres Lernen!

Drittes Kapitel

# Technik des Verstehens

Um schneller zu lernen, müssen Sie das Verstehen verstehen.

Es gibt Prinzipien des Verstehens. Wer sie kennt und nutzt, verliert keine Zeit mit ungeschickten Fragen und belastet sein Gedächtnis nicht mit unnötigem Informationsballast.

Lernen Sie deshalb, schnell und sicher zu verstehen. Was Sie dazu wissen müssen, finden Sie in den folgenden sieben Abschnitten.

Das sind die drei wichtigsten Gesichtspunkte:

1. Information abbauen durch Erkennen von Zusammenhängen (Abschnitt 1–3).
2. Wovon die Schwierigkeit eines Lernstoffs abhängt (Abschnitt 4).
3. Die Korrektur des Verständnisses (Abschnitt 5–7).

**Lösung:**

Lernzielanalyse

| | |
|---|---|
| **Was** soll gelernt werden? | Ein einfaches Schema zur Beschreibung von Lernzielen mit den Kernfragen: Was, warum, wann, wie. |
| **Warum** ist das wichtig? | Damit Sie zukünftige Lernarbeiten konstruktiv und rationell planen können, um sie schneller zu bewältigen. |
| **Wann** soll es gekonnt sein? | Immer dann, wenn Sie sich Lernaufgaben stellen, gleich welcher Art. |
| **Wie** soll es gekonnt sein? | So, daß die Lernzielanalyse Ihnen nicht viel Zeit kostet; darüber hinaus so präzise und vollständig, daß es möglich ist, anhand der Lernzielbeschreibung eine umfassende Prüfung des Lernerfolgs vorzunehmen. |

Erster Abschnitt:

**Information abbauen durch Erkennen von Zusammenhängen**

Bitte schauen Sie auf die Uhr, Sie haben jetzt 20 Sekunden Zeit, um sich die Lage der Punkte in dem untenstehenden Rechteck genau einzuprägen.

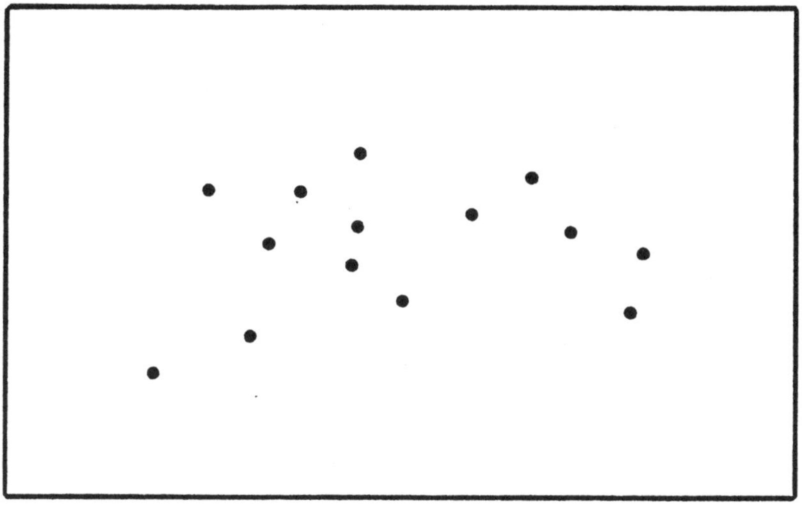

Können Sie die Punkte aus dem Gedächtnis nachzählen, wenn Sie jetzt die Augen schließen?

Das ist schwer. Auf den nächsten Seiten erfahren Sie, warum.

## LERNTEST

**Bitte arbeiten Sie auf dieser Seite eine komplette Lernzielanalyse für das Kapitel »Lernzielanalyse und Lernerfolg« aus. Blättern Sie erst weiter, wenn Sie damit fertig sind.**

Betrachten Sie nun diese Zeichnung, 15 Sekunden lang. Die gleichen Punkte sind in eine einfache Szene eingebettet.

Wenn Sie jetzt die Augen schließen, um die Punkte aus dem Gedächtnis zu zählen, gelingt es Ihnen leichter. Trotzdem, auch diese Aufgabe verlangt noch Konzentration.

PAUSE

Vielleicht können Sie die Punkte jetzt ziemlich genau in das leere Rechteck zeichnen. Bitte versuchen Sie es einmal.

Sie müssen sich viel weniger merken, obwohl die 2. Abbildung durch die Schmetterlinge und Blumen wesentlich ______________ geworden ist als die Abbildung der Punkte »ohne was darum«.

A. einseitiger
B. reichhaltiger

Sie sollten immer, bevor Sie mit dem Lernen beginnen, klären, wie Sie den Lernerfolg prüfen wollen. Es hat wenig Sinn, aufs Geratewohl zu lernen. Sie sollten immer nur das lernen, was Sie auch prüfen. Das gilt für jedes kleine Zwischenlernziel wie für jedes Endlernziel.

Wenn Sie sich in ein neues Stoffgebiet einarbeiten, wissen Sie noch nicht genügend Bescheid, um alle wichtigen Stadien des Lernprozesses so weit vorauszuplanen, daß Sie schon Prüffragen formulieren könnten. Dann müssen Sie jede neue Information, die Sie gewinnen, vor allem daraufhin untersuchen, welche Basis sie für eine bessere Planung des weiteren Lernprozesses bietet.

Nur geplantes Lernen führt schnell und sicher zum Erfolg. Prüfen Sie am Erfolg, ob Ihre Planung richtig war. Leiten Sie die erforderlichen Prüfaufgaben aus der Lernzielanalyse ab.

Prüfen Sie das neue Verhalten **(Wie?)** in der Situation, die Sie mit der Lernzielbeschreibung **(Wann?)** erfaßt haben.

**Wie**

Durch die Blumen und Schmetterlinge ist die Abbildung reichhaltiger geworden, und trotzdem ist sie leichter überschaubar als das Punktegewirr auf der Seite davor. Denn sie läßt dem Betrachter weniger Interpretationsspielraum und damit weniger Unsicherheit. Dadurch beansprucht sie weniger Verarbeitungskapazität. Die kybernetische Erklärung dafür lautet: Sie transportiert weniger Information.

Es klingt zunächst paradox, wenn es heißt, die reichhaltigere Zeichnung transportiere weniger Information als das bloße Punktemuster. Aber unter dem Gesichtspunkt des Lernens klingt es plausibel. Sie brauchen weniger Zeit, um sich die Zeichnung einzuprägen, wenn die Punkte in einem eindeutigen Zusammenhang (Blumen und Schmetterlinge) stehen.

**Schaubild**

So sinkt der Verarbeitungsaufwand und damit die Lernzeit.

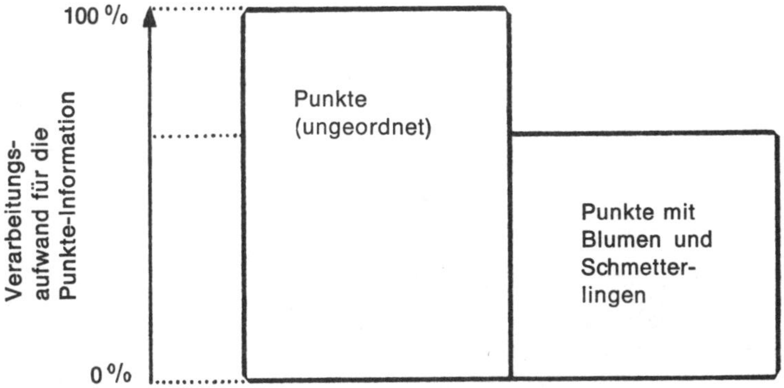


Kann man diesen Effekt auch mit einer anderen »Verpackung« der Punkte erreichen? ________

A. **Ja**
B. **Nein**

---

B. reichhaltiger

Das **Lernziel** muß exakt beschrieben und begründet sein. In der Regel genügt jedoch die Beschreibung eines einzigen Lernziels nicht, um einen Lernprozeß zielrichtig und ökonomisch zu organisieren. Einzelne markante Stationen des Lernprozesses müssen daher als Zwischenlernziele benannt werden.

**Ein Beispiel:**

Endlernziel:

**Was?** Als Hobbygärtner Orchideen züchten können.

**Warum?** Sie haben Spaß daran, Orchideen faszinieren Sie seit langem.

**Wann** bzw. unter welchen Umständen? Sie haben Platz im Garten und wollen zwei kleine klimatisierte Gewächshäuser im Haus installieren.

**Wie?** Die Blumen sollen ihre ganze Pracht üppig entfalten, wie Sie es auf Ausstellungen gesehen haben.

Zwischenlernziele:

1. Orchideenarten unterscheiden und zuordnen können.
2. Ansprüche der verschiedenen Arten an Boden und Klima bestimmen.
3. Geeignete Gewächshaustypen auswählen.

usw.

Für alle Lernziele müssen die Fragen »**Was** – **Warum** – **Wann** – **Wie**« gestellt werden. Vor allem müssen Sie sich darüber klarwerden, wie Sie den Erfolg Ihrer Lernbemühungen kontrollieren wollen.

Welche der vier Kurzfragen zielt auf eine solche Prüfung des Lernerfolgs? __________ (Im Zweifelsfalle lesen Sie auf Seite 166 nach. Aber versuchen Sie zunächst, durch logische Überlegungen Klarheit zu schaffen.)

Auch so kann man die Punkte in eine überschaubare Ordnung bringen:

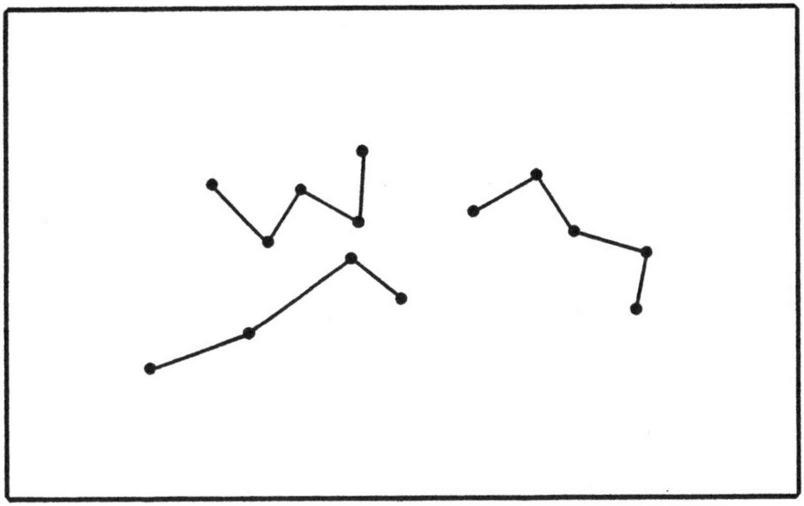

Diese Abbildung ist für manchen sogar noch leichter überschaubar als Blumen und Schmetterlinge. Aus vierzehn verwirrend angeordneten Punkten sind drei bekannte Zeichen geworden: W, M und F (ohne Mittelstrich).

Sogar die Buchstabenkombination ist bekannt: WMF (ein Markenzeichen für formschöne Haushaltswaren).

Der Kodierungsaufwand für die Punkte ist durch Einfügen in bekannte Zusammenhänge rapide gesunken. Das Lernen ist noch leichter geworden. Denn je einfacher und bekannter die Zusammenhänge, in die wir neue Einzelheiten einordnen, desto ______ kann man sie behalten.

A. leichter
B. schwerer

---

A. Ja

---

**Was – Warum – Wann – Wie?**

Diese Fragen müssen Sie unbedingt stellen, bevor Sie sich an eine Lernaufgabe heranmachen. Sonst bleibt das Lernziel unklar. Die Frage nach dem **Warum** ist oft sehr schwer zu beantworten. Trotzdem müssen Sie klären, ob das Lernziel, das Sie beschrieben haben, überhaupt so wichtig ist, daß sich der Einsatz lohnt.

Wenn Sie Ihre Zeit mit unnützen Lernproblemen vergeuden, verlieren Sie mehr Zeit, als wenn Sie ein paar Minuten für eine gründliche Planung Ihrer Lernarbeit aufwenden (z. B. bei der Lektüre eines Nachrichtenmagazins).

Bitte betrachten Sie 20 Sekunden lang ein neues Punktemuster.

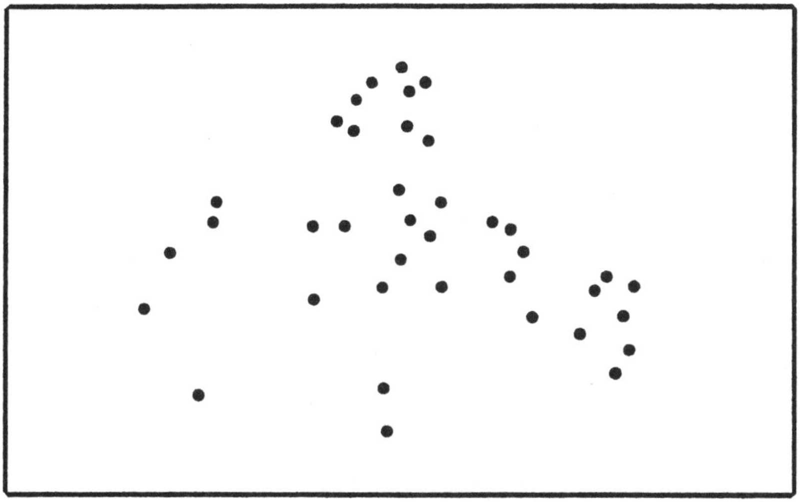

Auch hier ist es schwierig, die Punkte genau im Gedächtnis zu registrieren. Alles ist verwirrend neu. Die Unsicherheit bezüglich Zahl und Lage der Punkte ist zunächst groß.

D. h.: Die Information dieser Abbildung ist ___________.

A. unüberschaubar groß, weil man sie auf kein bekanntes Konzept reduzieren kann. Man kann sie nicht behalten.
B. gering. Man weiß nicht, was das Punktegewirr bedeuten soll.

---

A. leichter

Ein neues Verhalten kann jedoch nur für eine bestimmte Situation gelernt werden. Darum brauchen wir präzise Angaben.

**Was** soll **warum wann wie** gekonnt werden?

Diese Frage muß beantwortet werden, bevor wir irgend etwas lernen.

| | |
|---|---|
| **Was** soll gelernt werden? | Das Härten von Werkzeugstahl (im Rahmen der Ausbildung von Bauschlossern). |
| **Warum?** | Die Berufspraxis erfordert es... (Siehe unten!) |
| **Wann** (das heißt: unter welchen Umständen) soll es gekonnt sein? | Immer dann, wenn ein Werkzeug, zum Beispiel ein Meißel, nicht mehr die erforderliche Härte hat. |
| **Wie** soll es gekonnt sein? | So, daß einfache Werkzeuge wie ein Meißel fachgerecht (mit harter Spitze und weichem Kern) gehärtet werden können. Bei Erwärmung im Schmiedefeuer so gut wie bei Erwärmung im Induktionsofen. |
| | (Die Antwort auf die Frage »Wie?« entspricht praktisch einer Prüfaufgabe, mit der Sie den Lernerfolg kontrollieren.) |

Erst nach dieser Vorklärung ist die Frage, **was** man dafür **wissen** muß, sinnvoll zu beantworten.

So ist alles viel einfacher geworden.

Wenige Verbindungslinien haben die Zeichnung bekannt und vertraut gemacht. Man erkennt eine schlafende Katze.

Damit ist die Unsicherheit bezüglich Zahl und Lage der Punkte verringert. Man kann sie leicht einordnen und verliert nicht mehr den Überblick.

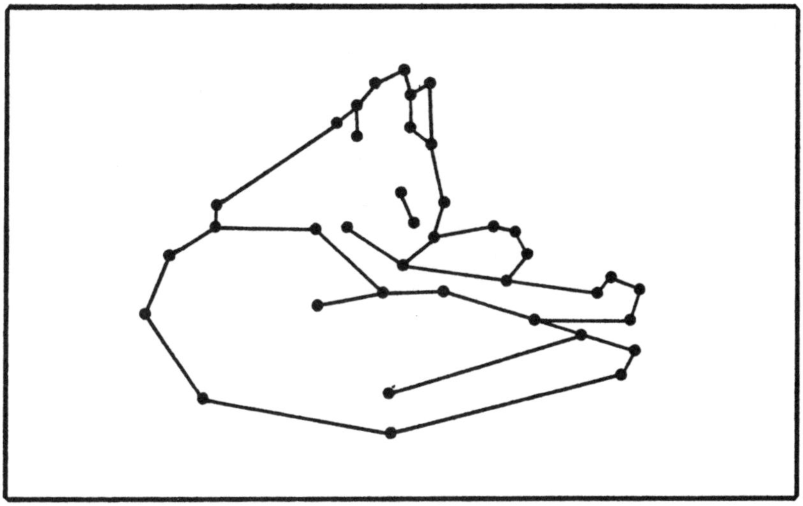

Der Informationsgehalt der Abbildung ist __________ geworden.

A. größer
B. kleiner

---

A. unüberschaubar und ist deshalb von geringem Wert

Lernprozesse müssen konstruktiv ein neues Verhalten bewirken.

Pause, zwei Minuten entspannen, einfach abschalten, dadurch wird das Lernen leichter.

# Fünftes Kapitel

## Lernzielanalyse und Lernerfolg

Wer beim Lernen Erfolg haben will, muß sich klare und sinnvolle Ziele setzen. Vier Fragen müssen Sie sich stellen.

1. Was muß ich lernen?
2. Warum ist das wichtig?
3. Wann, d. h. unter welchen Umständen muß ich es können?
4. Wie muß ich es können?

Zweiter Abschnitt:

## Mehr verstehen durch Abbau von Information

Über alle Sinnesorgane nehmen wir »Nachrichten« zur Kenntnis. Bilder, Worte, Geschmacksmuster, Düfte, Körperempfindungen (zum Beispiel Schmerzen) sind solche ____________.

**9. Nennen Sie die wichtigsten Gründe für das oft beobachtete Nachlassen der Lernleistung im Alter.**

________________________________________

________________________________________

________________________________________

Siehe Seite 136!

**Wie man sich lernaktiv erhält**

**10. Zweierlei ist besonders wichtig. Sie müssen immer wieder, auch in vertrauten Zusammenhängen, neue Aspekte herausarbeiten. Sie müssen immer wieder anders denken, fühlen und handeln, anders als v________ und anders als andere.**

Siehe Seite 146!

**11. Sie müssen sich interessieren lassen durch Kond__lo______. Zum Beispiel mit Erfolg.**

Siehe Seite 147–152!

**Ein paar Tips für besseres Behalten**

**12. Was ist besser, verteiltes oder massiertes Lernen? __________**

Siehe Seite 154!

**13. Unmittelbar vor und nach jeder Lernphase müssen Sie eine __________ einhalten, um Gedächtnish__________ entgegenzuwirken.**

Siehe Seite 156 bis 160!

Aber es genügt nicht, Nachrichten zur Kenntnis zu nehmen. Wir müssen sie auch verstehen, sonst können wir sie nicht nutzen und brauchbare Schlüsse daraus ziehen.

Das ist leichter, wenn die Nachrichten überschaubar sind. Sind sie es nicht, muß man sie überschaubar machen, zum Beispiel durch Einordnen in größere Zusammenhänge. Unverständliche Einzelheiten müssen in größeren Zusammenhängen gesehen werden.

Denn dadurch _______ (nach kybernetischer Definition) der Informationsgehalt der Nachricht, und das macht sie überschaubar und auswertbar.

A. sinkt
B. steigt

**5. Wo macht sich der Informationszerfall stärker bemerkbar?**

A. In der Leistung des Wiedererkennens
B. Beim Wiederlernen
C. Kein Unterschied

Siehe Seite 132!

**6. Wie können Sie aus dieser Tatsache Nutzen ziehen?** ____________

______________________________________________

Siehe Seite 133!

**Lernen und Alter**

**7. Ist die Geschwindigkeit des Informationszuflusses zum Gedächtnis altersabhängig?** ________

Siehe Seite 124!

**8. Welche der folgenden Meßgrößen sind ebenfalls altersabhängig?**

A. Die Gegenwartsdauer
B. Die Bewußtseinskapazität
C. Der Informationszufluß zum Bewußtsein

Siehe Seite 140!

Die Information einer Nachricht muß durch Einordnen in bekannte Zusammenhänge (Formeln, Erfahrungen usw.) bis auf wenige markante Neuigkeiten »abgebaut« werden. Erst dann ist sie verstanden und auswertbar. Erst dann wird das Lernen leicht.

Unverstandenes behält man schwer, weil die Zusammenhänge fehlen. Es müssen zu viele Einzelheiten festgehalten werden. Das kostet Zeit und Gedächtniskapazität.

Daraus können Sie eine Regel ableiten. Welche der beiden folgenden Regeln ist es?

A. Wenn Sie schneller lernen wollen, müssen Sie in Zusammenhängen denken, um Information abzubauen.
B. Sie dürfen sich nur das einprägen, was Sie sicher verstanden haben.

A. sinkt

## LERNTEST

**Informationsfluß und Informationszerfall**

**1. Wieviel Information kann man pro Sekunde dem Gedächtnis einprägen? ___ bis ___ bit.**

Siehe Seite 122!

**2. 16 bit Information kann pro Sekunde bewußt werden. Wie lange bleibt die zur Kenntnis genommene Information dem Bewußtsein unmittelbar zur Verfügung? ___ Sekunden. Danach zerfällt sie sehr rasch.**

Siehe Seite 128!

**3. Dadurch entsteht Informationsnot. Wozu sind Sie gezwungen, wenn Sie sich einer zur Kenntnis genommenen Nachricht – trotz des zu erwartenden Informationszerfalls – auch in Zukunft noch erinnern müssen?**

A. Sie müssen dem Informationszerfall entgegenwirken, indem Sie sich die Nachricht durch häufige Wiederholung sicher einprägen.
B. Sie müssen den Informationsgehalt der Nachricht subjektiv verringern.

Welche der beiden Antworten ist richtig? Sie können sich vergewissern, wenn Sie noch einmal die Seiten 129 und 130 lesen.

**4. Welche Konzepteigenschaft muß also zunehmen, und welche Konzepteigenschaft muß abnehmen?**

A. Die Informationsbindung muß zunehmen, die Komplexität abnehmen.
B. umgekehrt

Siehe Seite 98 bis 101!

Erst die letzte Phase des Informationsabbaus sollte die Merkphase sein, in der die verbliebenen wesentlichen Neuigkeiten eingeprägt werden.

Aber das ist die aufwendigste Phase. Es kostet Zeit, bis eine anders nicht mehr abbaufähige Information dem Gedächtnis eingeprägt worden ist. Wenn Sie eine Minute brauchen würden, um eine Nachricht zur Kenntnis zu nehmen, brauchen Sie etwa 25 Minuten, um sie einzuprägen. Wenn es schneller gehen soll, müssen Sie den Informationsgehalt der Nachricht abbauen, durch Verstehen, durch Einordnen in größere und möglichst geläufige Zusammenhänge.

Zwar wird auch durch Einprägen Information abgebaut und damit Unsicherheit vermindert. Denn eingeprägte Nachrichten sind nicht mehr neu. Doch selbst wenn alle Einzelheiten einer Nachricht mit großem Lernaufwand eingeprägt worden sind, besteht noch Unsicherheit, nämlich Unsicherheit über den ________.

A. Zusammenhang
B. Informationsabbau

---

A. Wenn Sie schneller lernen wollen, müssen Sie in Zusammenhängen denken, um Information abzubauen.

Pause

Sie müssen in Zusammenhängen denken, um Information abzubauen, wenn Sie schneller lernen wollen. Doch bitte ohne wichtige Einzelheiten zu vernachlässigen.

Es besteht die Gefahr, daß die Information einer Nachricht auf Kosten von Einzeltatsachen abgebaut wird. Schwerverständliche Einzeltatsachen werden dann übergangen. Man beschränkt sich auf einfache, zusammenfassende Oberbegriffe oder Wertungen wie gut und böse, normal oder abnorm. So erscheinen schwierige Sachzusammenhänge banal und einfach. Das kann sehr hilfreich scheinen, denn dieses Denken schafft klare und »natürliche« Ordnungen.

Doch wesentliche Aspekte und Details fallen dabei unter den Tisch. Es wird Unsicherheit beseitigt, ohne daß dafür gesicherte empirische oder logische Grundlagen vorhanden sind. Beispielsweise wenn wir über andere Menschen urteilen. Wie einfach erscheint dann oft der menschliche Charakter.

Viele Menschen können nur schwer Ungewißheiten ertragen und Entscheidungen in der Schwebe lassen. »Schwarz oder weiß« ist ihre Devise, »gut oder schlecht«, »normal oder abartig«. Sie haben nicht das richtige Verständnis für »Zwischentöne«. Ihnen ist die subjektive Eindeutigkeit oder Stimmigkeit einer Nachricht wichtiger als ihre ________________.

A. Klarheit
B. Objektivität

---

A. Zusammenhang

## E. **Erinnerungshemmung**

Kurz vor einer Prüfung, vor einem Vortrag, einem wichtigen Gespräch sollten Sie nichts Neues mehr beginnen. Sonst steht Ihnen Ihr Gedächtnis anschließend nicht voll zur Verfügung. Sie meinen dann vielleicht, daß Sie sich nicht richtig konzentrieren könnten – das ist die Wirkung der Erinnerungshemmung.

## F. **Affektive Hemmung**

Starke Gefühlserlebnisse unmittelbar nach einem Lernprozeß können fast die ganze Lernarbeit zunichte machen. Wenn Sie unmittelbar nach einer schwierigen Lernaufgabe eine schockierende Nachricht erhalten, die Sie stark gefühlsmäßig bewegt, dann werden Sie vergessen, was Sie kurz zuvor erarbeitet haben.

Wenn Sie Ihrem Sohn Vokabeln abfragen und dabei die Geduld verlieren, dann zum Beispiel kann so etwas passieren. Falls er darüber erschrickt, wird er dann sogar noch einen Teil dessen vergessen, was er vorher noch gekonnt hatte.

Zehn Minuten nach Abschluß des Lernprozesses können affektive Hemmungen nicht mehr so stark wirksam werden.

Aber es ist sehr oft besser, Entscheidungen oder »Erkenntnisse« in der Schwebe zu halten, wenn die verfügbaren Nachrichten noch nicht ausreichen, um eine Entscheidung abzusichern.

Die Folgen unqualifizierter Entscheidungen sind oft verhängnisvoll. Ärzte stellen tödlich falsche Diagnosen. Einige Psychologen und Psychiater erstellen »weltanschaulich abgeklärte« Gerichtsgutachten als Beitrag für eine heile Welt. Zeugen passen unbemerkt, mit bestem Wissen und Gewissen, ihre »Tatsachenberichte« ganz persönlichen Auffassungen von logischer oder psychologischer Stimmigkeit an.

Solche simplifizierenden Techniken des Informationsabbaus haben nichts mit **Verstehen** zu tun. **Verstehen** heißt die Information einer Nachricht abbauen, **ohne daß wichtige Einzelheiten vernachlässigt werden** – ______________________________.

A. durch Aufweisen aller wesentlichen Zusammenhänge und/oder
B. indem Entscheidungen, falls erforderlich, in der Schwebe gehalten werden.

---

B. Objektivität

---

## D. **Assoziative Hemmung**

Wenn eine Verhaltensweise für eine bestimmte Situation gelernt worden ist (zum Beispiel Schweigen oder Stottern, wenn der Chef oder der Lehrer einen Tadel ausspricht), dann ist das Umlernen oder Hinzulernen stark erschwert. Ähnlich ist es, wenn ein bekanntes Zeichen plötzlich eine neue Bedeutung erhalten soll oder wenn ein anderes Zeichen die gleiche Bedeutung erhalten soll. Umlernen ist schwerer als Neulernen.

Durch assoziative Hemmung erklärt sich teilweise auch das Phänomen der Betriebsblindheit. Altes in Frage zu stellen und Neues an seine Stelle zu setzen wird erschwert.

**Tip:** Leichter ist es, für neue Situationen Neues zu lernen. »Tapetenwechsel« ist das beste Heilmittel gegen Betriebsblindheit.

A. und B. durch Aufweisen aller wesentlichen Zusammenhänge. Wenn das nicht gelingt, müssen etwa anstehende Entscheidungen in der Schwebe gehalten werden.

### C. Ähnlichkeitshemmung

Ähnliche Gedächtnisinhalte überlagern und stören sich gegenseitig, wenn sie nicht mit einem gewissen zeitlichen Abstand (2–5 Minuten) voneinander eingeprägt werden.

**Tip:** Zwei bis fünf Minuten Abstand halten und bestehende Unterschiede und Gemeinsamkeiten besonders sorgfältig und prägnant herausarbeiten.

Dritter Abschnitt:

## Zeichen und Theorien als Verstehenshilfe

Es kann gefährlich sein, Einzelinformationen zu einem Gesamtbild zusammenzufassen. Selbst wenn man in bester Absicht handelt, wie zum Beispiel ein Richter oder Staatsanwalt im Falle eines unschuldig Verurteilten, kann das Ergebnis fatal sein. Und trotzdem: ohne eine solche Zusammenschau, ohne Rahmenkonzepte oder Theorien kommen wir nicht aus.

## Was ist eine Theorie?

Eine Theorie stellt einen künstlich ersonnenen Zusammenhang für unterschiedliche Sachverhalte dar, die dadurch in ihrer Gesamtheit verständlich werden sollen. Verständlich sind sie, wenn wir sie in einem größeren Zusammenhang auffangen können, wenn wir sie auf einen gemeinsamen Nenner bringen können.

Als »gemeinsamer Nenner« dient uns ________________.

A. die Theorie
B. das, was für alle Einzelsachverhalte gleich ist

## 2. Gedächtnishemmungen

Mit sechs Gedächtnishemmungen müssen Sie rechnen:

### A. **Rückwirkende Hemmung**

Ein Lernprozeß, der unmittelbar auf einen anderen folgt, hemmt den ersteren. Wenn Sie also nach mühevoller Lernarbeit zur Zeitung greifen, hemmen Sie die Einprägung des kurz vorher gelernten Stoffs.

**Tip:** Zwei Minuten Pause nach dem Einprägen eines wichtigen Lernstoffs. Danach, oder spätestens nach fünf Minuten, dürfen Sie wieder lesen, telefonieren, fernsehen . . .

### B. **Nachwirkende Hemmung**

Ein soeben abgeschlossener Lernvorgang behindert das Einprägen eines unmittelbar danach zu lernenden Stoffes.

**Tip:** Zwei Minuten Pause, bevor Sie etwas Neues lernen.

Auf den ersten Seiten dieses Kapitels haben wir Punkte (als Einzeltatsachen) auf einen gemeinsamen Nenner gebracht. Zuerst haben wir den Zusammenhang »Blumen und Schmetterlinge« versucht. Dann haben wir eine noch einfachere Formel gefunden: **WMF**. Beide Zusammenhänge wurden künstlich ersonnen, um Information abzubauen.

Wenn Sie dieses Beispiel genau durchdenken, entdecken Sie, daß eine Theorie und ein einfaches Zeichen oder eine Zeichenkombination eine analoge Bedeutung haben. Beide stellen Zusammenhänge dar und bewirken einen Abbau von Unsicherheit über sonst Unerklärliches. (Informationstheoretisch wird das einem Abbau von Information gleichgesetzt. Denn durch den künstlich erdachten theoretischen Zusammenhang brauchen wir weniger Aufwand, um das Ganze zu verarbeiten und zu speichern.) Zur Präzisierung muß man hinzufügen, daß eine Theorie in der Regel komplexer ist als ein gewöhnliches Zeichen, so daß sie vielleicht eher den Namen eines »Superzeichens« oder »Supersuperzeichens« verdient hätte. Sonst aber entsprechen sie sich.

Das Wort »Superzeichen« übrigens gibt es tatsächlich. Es ist in der Kybernetischen Pädagogik gebräuchlich. (Die Kybernetische Pädagogik ist ein informationstheoretisch orientierter Zweig der modernen Pädagogik.)

Man unterscheidet Zeichen und Superzeichen erster bis n-ter Ordnung. Ein Superzeichen erster Ordnung vereinigt in sich mehrere Zeichen zu einem neuen Ganzen. Wenn die Buchstaben A, O und P Zeichen sind, wären also die Bezeichnungen APO oder OPA ____________________.

A. Superzeichen n-ter Ordnung
B. Superzeichen erster Ordnung

---

A. die Theorie

---

Wenn Sie ein Musikinstrument zu spielen lernen, ist der Effekt deutlich zu beobachten. Sie lernen bedeutend konzentrierter und sicherer, wenn Sie nach möglichst kurzen Übungsperioden einige Sekunden anhalten, um sich neu zu sammeln.

Aber auch für das Vokabellernen sind Pausen wichtig, ebenso für das Lernen aus Fachbüchern. Sie strapazieren sich unnütz, wenn Sie massiert lernen. Mehr als 60 bit nimmt Ihr Gedächtnis in zwei Minuten sowieso nicht auf. Sie müssen darum immer wieder einmal kurz abschalten. Entspannen Sie sich und sammeln Sie ihre Gedanken. Lassen Sie die aufgenommene Information noch einmal nachklingen. Vielleicht sehen Sie neue Zusammenhänge. Das wäre gut.

Bei **verteiltem** Lernen wird zwischen den einzelnen Übungsperioden eine kurze Pause gemacht, weil der Lernerfolg dadurch **größer** wird.

Zeichen jeder Art können nach logischen oder zum Beispiel auch ästhetischen Gesichtspunkten zu Superzeichen vereinigt werden. Physikalische Formeln etwa sind nach mathematischen Gesetzmäßigkeiten gebildet, graphische Ornamente nach ästhetischen Leitvorstellungen.

Immer gilt, daß mehrere Superzeichen erster Ordnung wiederum zu Superzeichen zweiter Ordnung zusammengefaßt werden können. Mehrere Superzeichen zweiter Ordnung wiederum ergeben ein Superzeichen dritter Ordnung, sobald durch ihre Vereinigung ein neues »Ganzes« geschaffen worden ist.

Diese hierarchische Entwicklung der Zeichen und Superzeichen läßt sich bis zu einem Superzeichen n-ter Ordnung fortsetzen, das dann ______________________________.

A. ein völlig neues Ganzes darstellt
B. eine ganze Theorie beinhaltet

---

B. Superzeichen erster Ordnung

---

Vierter Abschnitt:

## Ein paar Tips für besseres Behalten

### 1. Ist massiertes oder verteiltes Lernen besser?

Wenn Wissen oder Fertigkeiten erworben werden sollen, dann meist für möglichst lange Zeit. Ohne Übung geht das nicht. Aber es ist auch nicht gleichgültig, wie man übt.

Machen Sie viele kurze Pausen. Verteiltes Lernen ist besser. Besonders dann, wenn viel Lernstoff bewältigt werden muß. Machen Sie spätestens alle zwei bis fünf Minuten eine Pause von wenigstens 20 Sekunden. Je länger die Übungsperiode, desto länger muß die Pause sein, doch sollte sie nicht über fünf Minuten ausgedehnt werden. Die folgende Abbildung zeigt Ihnen die unterschiedliche Lerneffektivität von massiertem und verteiltem Lernen.

So prägnant ist dieser Effekt zum Beispiel beim Erlernen einer motorischen Fertigkeit (exakte Kreisbewegung mit Arm und Hand).

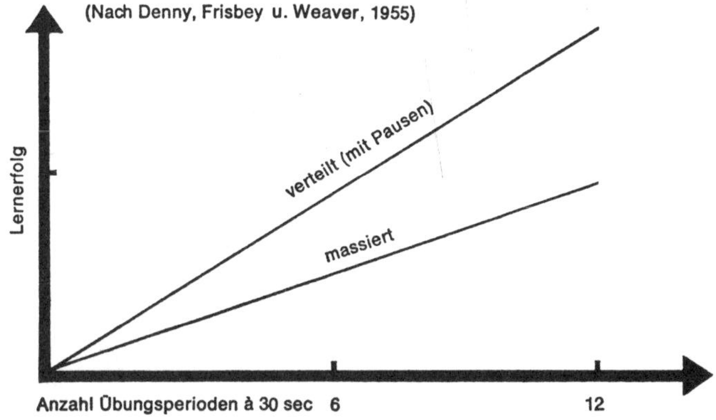


Bei ____________ Lernen wird zwischen den einzelnen Übungsperioden eine kurze Pause gemacht, weil der Lernerfolg dadurch ____________________ wird.

Aber wenn Superzeichen zweiter Ordnung noch leicht überschaubar sind, ...

Beispiel: »Die APOs von heute sind die
OPAs von morgen.«

so werden hochkomplexe Superzeichen höherer Ordnung ...

Beispiel: Die »Allgemeine Relativitätstheorie«
von Einstein

... für den »Normalverbraucher« oft unüberschaubar, unbegreiflich.

Deshalb erhalten umfangreichere Superzeichen einen Namen. »Allgemeine Relativitätstheorie« ist ein solcher Name. Genauso der Begriff »Verstehen«.

Durch den Namen wird das Superzeichen »griffig«. Man kann leichter damit operieren. Man kann sogar darüber reden, ohne viel mehr als den Namen zu kennen.

Meist sogar kennen wir ______________________________
______________________________________________.

A. den Namen des Superzeichens eher als das Superzeichen selbst
B. das Superzeichen eher als seinen Namen

---

B. eine ganze Theorie beinhaltet

---

Pause

Die Namen von Superzeichen können kurz und präzise sein. In der Mathematik zum Beispiel dienen einfache Symbole (Zeichen) als Namen für umfangreiche Rechenanweisungen.

Das sind solche Zeichen, die als Namen für Superzeichen dienen:

A. $\sqrt{\quad}$ (Wurzel ziehen!)

B. $\sum$ (Summe bilden!)

C. $\int$ (Integral bilden!)

Solche Namen sind Schlüssel zum Gedächtnis. Was zum Verständnis der Nachricht erforderlich ist, wird damit aus dem Gedächtnis des Empfängers abgerufen.

Was ist leichter zu erfassen? ______________________

A. Der Name eines Superzeichens.
B. Das Superzeichen selbst.

---

A. den Namen des Superzeichens eher als das Superzeichen selbst

Manchmal stellen wir mit Schrecken fest, wie ungesichert unsere Erkenntnisse sind. Und jede neue Erkenntnis stellt uns vor neue Probleme. Aber gerade dieser Schrecken kann zum Motor der Erkenntnis werden und zum Lernen motivieren.

Manchmal brauchen wir einen härteren Anstoß, um die Vorläufigkeit unseres Wissens zu erfahren, um weiterzufragen und weiterzulernen und tieferes Verstehen zu ermöglichen. Es ist schlimm, wenn falsche Sicherheit uns glauben macht, daß wir in irgendeiner Sache bis zum letzten vorgedrungen seien. Es gibt immer noch neue Zusammenhänge, die unserer Erkenntnis entgangen sind und die selbst Vertrautes und Banales in völlig neuem Licht erscheinen lassen.

B. Nein

Die Namen komplizierter Superzeichen ragen für den zuwenig Informierten wie die Spitze eines Eisbergs aus dem Unbekannten hervor. Das Wesentliche bleibt unbekannt, so wie auch bei Eisbergen der größere Teil unter Wasser verborgen ist.

Wer die Vorläufigkeit seines Verständnisses kennt, ist dadurch nicht gefährdet. Aber wer nur Teilaspekte sieht und glaubt, den ganzen Zusammenhang zu kennen, der kann ____________________

____________________________________________.

A. nur über eine geringe Intelligenz verfügen
B. ein gefährlicher Zeitgenosse sein

---

A. Der Name eines Superzeichens

---

Konditionierungen sind auch für das Behalten wichtig. Der Gefühlston, der bestimmten Konzepten anhaftet, wird immer wieder lebendig, wenn sie im Zusammenhang einzelner Nachrichten erneut anklingen. Und wenn die Gefühle die Aufmerksamkeit locken und fesseln, wird die damit in Zusammenhang stehende Nachricht mit in das Zentrum der Aufmerksamkeit gerückt.

Nachrichten, die das Bewußtsein am stärksten fesseln und auch die Phantasie anregen, werden am besten verarbeitet und am besten verstanden. Sie klingen immer wieder an, wenn sie einmal eingeprägt worden sind. Dadurch erscheinen sie in immer neuen Zusammenhängen und werden zugleich mit neuen Details angereichert.

Je mehr Zusammenhänge bewußt werden, je plastischer und verständlicher eine Nachricht wird, desto besser und sicherer wird sie dem Gedächtnis eingeprägt. Am besten stellt man sich das so vor: Durch die Einbettung in mehrere Zusammenhänge erscheint die Nachricht an verschiedenen Stellen im Gedächtnis. Doppelt genäht hält besser. Da können dann ruhig einmal 60 oder 70% der gespeicherten Informationen zerfallen. Ein so gesichertes Nachrichtenkonzept wird man immer wieder erinnern können. Mit wenig Phantasie lassen sich zerfallene Lücken aus den Restbeständen der gespeicherten Information rekonstruieren.

Aber bedeutet die Leichtigkeit, mit der ein Konzept eingeprägt und behalten wird, auch zugleich schon, daß es richtig sein muß?

A. **Ja**
B. **Nein**

Zeichen und Superzeichen, also auch Theorien als Superzeichen n-ter Ordnung, bilden je einen Zusammenhang für mehrere Einzelelemente.

Superzeichen erster Ordnung bilden einen größeren Zusammenhang für mehrere Zeichen. Ein Superzeichen zweiter Ordnung bietet den Zusammenhang, in dem mehrere Superzeichen erster Ordnung aufgefangen werden können.

Superzeichen sind eine Verstehenshilfe, weil sie ______________

______________________________________________

A. Information transportieren.
B. Information (also Verarbeitungsaufwand) abbauen, indem sie klärende Zusammenhänge aufweisen.

______________________________________________

**B. ein gefährlicher Zeitgenosse sein**

______________________________________________

Es ist sehr wichtig, das zu wissen und zu beachten. Denn später gehören diese Basiskonzepte mit ihren Konditionierungen zum Selbstverständlichen, zu dem, was nicht mehr bewußt zu werden braucht und darum sehr änderungsresistent ist.

Wenn etwa die ersten Basiskonzepte, die ein Mensch schon im Säuglingsalter erwirbt, in einer Grundstimmung des Vergnügtseins, der Zuneigung, der Lust geprägt werden, dann kann diese Grundstimmung über diese Basiskonzepte unbewußt über Jahre und Jahrzehnte hinweg alles neue Erleben hinweg prägen. Der Mensch findet immer wieder zurück zu einer ausgeglichenen, optimistischen Grundhaltung, selbst in schwierigsten Situationen.

A. prägen oft für immer

PAUSE

Solche Konzepte locken und befruchten die Phantasie, werden in immer neue Zusammenhänge hineingenommen, mit immer neuen Details angereichert, umkodiert. Motivation zum Denken und Lernen erwacht.

Nun können selbstverständlich nur solche Konzepte mit Gefühlen konditioniert werden, die zum Zeitpunkt einer möglichen Konditionierung bereits gebildet sind. Trotzdem können neue Konzepte mit alten Konditionierungen behaftet sein. Weil Konzepte, wie Superzeichen, stets bereits bekannte Elemente enthalten, die mit neuen Aspekten zu einem neuen Ganzen vereinigt werden, ohne daß dabei alte Konditionierungen gelöscht werden müßten. Sie bleiben weiter wirksam.
So können in früher Kindheit erworbene Konditionierungen das Erleben und Denken des Erwachsenen prägen.

Um Kinder lern- und leistungsmotiviert zu machen, ist eine Kontrolle der Basiskonditionierungen daher von entscheidender Bedeutung. Wenn ein Kind mit Kritzeleien die ersten Basiskonzepte des Schreibens erwirbt, wenn es als Abc-Schütze zum erstenmal Schulaufgaben macht, wenn es die ersten Versuche macht, die Mutter (oder den Vater) bei der Hausarbeit zu imitieren, wenn es die ersten sozialen Erfahrungen macht, dann bestehen Chancen, bereits entwickelte Basiskonditionierungen zu überformen oder neue zu prägen.

Gefühlstöne, welche die Entwicklung von Basiskonzepten der Leistung begleiten, ______________________________!

A. prägen oft für immer
B. entstehen so

---

A. ist richtig

---

Vierter Abschnitt:

## Wovon die Schwierigkeit eines Lernstoffs abhängt

Nachrichten, die wir zur Kenntnis nehmen, werden in unserem Zentralnervensystem (Gehirn) durch chemische und elektrische Vorgänge repräsentiert. Niemand kann bisher genau sagen, wie das geschieht. Aber psychologische Forscher haben einen Namen dafür: »Konzepte«. Konzepte werden als Abbildungen von Nachrichten oder Nachrichtenbausteinen beschrieben. Jedes uns bekannte Zeichen, jedes uns bekannte Wort etwa, ist als Konzept in unserem Gehirn gespeichert.

Dieser Begriff ist schon einmal in diesem Buch aufgetaucht, nämlich im Zusammenhang mit ________________________.

A. der vorbewußten Informationsverarbeitung
B. der Definition des Informationsmaßes (1 bit)

Es ist möglich, jedes Konzept durch Lernen (im Sinne von Konditionieren – vgl. Seite 17 und 18!) mit Gefühlen und Stimmungen zu koppeln, mit Angst und Schrecken, mit Gefühlen von Liebe und Haß.

Im Masochismus findet diese Möglichkeit eine grausame Ausformung: Das Gefühl, geliebt zu werden, tritt nur dann auf, wenn es mit einer Situation verbunden ist, in der Schläge und körperliche oder seelische Qualen erlitten werden.

Viele Konzepte können durch Konditionierung mit dem Schrecken des Tabus oder des Versagens behaftet sein, so daß die Gedanken angstvoll zurückfliehen, sobald sie tastend in ihre Nähe gekommen sind. Wenn Leistungsdimensionen, Rechnen oder Mathematik zum Beispiel, mit negativen Gefühlen konditioniert werden, dann ist ein Leistungsabfall so gut wie sicher. Innovationen werden nicht mehr durch Erwartungen vorbereitet. Die Abneigung wird zum Nebel, der das Denken in milchiges, undurchdringliches Grau hüllt.

Wenn jedoch Freude und Selbstbestätigung mit einzelnen Konzepten verbunden sind, werden ______________________.

A. die Gedanken oft und gern darauf zurückkommen
B. diese nicht konditioniert

Zeichen und Superzeichen werden im Zentralnervensystem als Konzepte nachgebildet und gespeichert, um sodann zum schnelleren Abbau weiterer Information zur Verfügung zu stehen. Jede Nachricht, die neue Zeichen oder Superzeichen zur Kenntnis bringt, veranlaßt die Entwicklung von Konzepten als Nachbildungen dieser Zeichen.

Je besser und gründlicher die Nachbildung im Zentralnervensystem gelingt, desto gründlicher ist das Verstehen.

Genauer: wenn wir von »Verstehen« sprechen, meinen wir den Prozeß der Konzeptbildung.

Der Prozeß der Konzeptbildung ist ________________ und bewirkt den Abbau der Information einer Nachricht.

A. genau und gründlich
B. das »Verstehen«

A. der vorbewußten Informationsverarbeitung (vgl. Seite 40 und 41!)

Viele Menschen erleben nur selten Enttäuschungen ihrer Erwartungen. Weil sie solche Enttäuschungen bewußt oder unbewußt vermeiden.

Andere erleben zwar die Enttäuschung, sind aber nicht in der Lage, die dadurch fraglich gewordenen Konzepte zu prüfen.

Manche z. B. erschrecken oder bekommen ein schlechtes Gewissen, wenn ihre Phantasie sie mit sexuellen Vorstellungen überrascht, die sie ablehnen. So kommen sie niemals zu einer gründlichen Überprüfung und Überarbeitung der Konzepte, die sie als ihre Sexualmoral an ihre Kinder weitergeben.

Andere verzagen bei Rechenaufgaben; sie versagen trotz guter Begabung.

Denken Sie doch einmal kurz darüber nach, woran das liegen könnte. Bilden Sie Erwartungen, oder stellen Sie Mutmaßungen darüber an. Verwerten Sie alles, was Sie bereits wissen.

Wenn Sie dann weiterlesen, können Sie vielleicht l________________
________ erleben.

Nicht alle Zeichen und Superzeichen sind gleich schwer oder leicht als Konzepte nachzubilden, das heißt zu verstehen.

Für die Schwierigkeit sind entscheidend:

## 1. Die Zeichenmenge

Je größer die Zeichenmenge, desto mehr Information transportiert jedes einzelne Zeichen und desto schwieriger wird seine Konzeptualisierung, also seine Nachbildung im Zentralnervensystem.

Beispiele:

Die Anzahl der Buchstaben (a bis z) ist größer als die Menge der Ziffern (1 bis 9). Es müßte also im Prinzip schwieriger sein, Buchstaben zu lernen als Ziffern. Tatsächlich lesen auch die meisten Kinder als erste Schriftzeichen Ziffern, nicht Buchstaben.

Das gleiche gilt für Verkehrszeichen. Je größer die Menge der verschiedenen Verkehrszeichen ist, desto mehr Information transportiert das einzelne Zeichen und desto mehr Zeit vergeht, um diese Information abzubauen. (Sie wissen ja noch, im Schnitt werden 10 bis 12 bit pro Sekunde abgebaut.) Im Straßenverkehr aber entscheiden oftmals Zehntelsekunden. Das ist ein wichtiges Argument für die Bestrebungen, ______________________________________________.

A. die Anzahl der Verkehrszeichen so niedrig wie möglich zu halten.
B. jede mögliche Verkehrsgefährdung durch ein besonderes, treffendes Symbol anzuzeigen.

---

B. das »Verstehen«

---

Für qualifiziertes Lernen aber ist gerade dies Voraussetzung. Sie müssen immer wieder anders denken, fühlen und handeln, anders als vorher und anders als andere.

Qualifiziertes Lernen (das Erzeugen zuverlässiger hochkomplexer Konzepte) ist nur durch vielfaches Umstrukturieren und Umspeichern von neuen und alten Konzepten zu erreichen. Umstrukturieren heißt Neues schaffen oder alte Denk- und Handlungsweisen von Zeit zu Zeit ändern. Sie müssen immer wieder kritisch prüfen, wie Sie denken, fühlen und handeln. Besonders das Selbstverständliche, das wir so gern fraglos übergehen, muß kritisch geprüft werden.

(Bitte lesen Sie nun noch einmal die Seiten 91 und 92 und 103 bis 110! Dann werden Sie wahrscheinlich neue und größere Zusammenhänge erkennen.)

## 2. Geläufigkeit

Die Schwierigkeit eines Zeichens oder Superzeichens ist durch sein seltenes oder häufiges Vorkommen in dem jeweils gegebenen Kontext (Zusammenhang) bestimmt. Seltene Zeichen transportieren mehr Information, sind also schwieriger. Es dauert länger, bis sie entziffert worden sind, und man kann sie schlechter behalten.

Wörter mit seltenen Buchstabenverbindungen werden von Kindern und Erwachsenen häufiger falsch geschrieben. Fremdwörter sind nicht zuletzt deswegen schwerer verständlich, weil sie seltener gebraucht werden. Die Aufforderung »Bitte konzipieren Sie eine adäquate Replique!« werden Sie sicher etwas langsamer lesen müssen als die gleichbedeutende Aufforderung »Bitte schreiben Sie eine passende Antwort!«. Sie lesen den ersten Satz langsamer, weil Sie sonst nicht in der Lage sind, seinen hohen Informationsgehalt (Kodierungsaufwand) abzubauen.

Als Verkehrszeichen sind seltene bzw. in der gegebenen Situation überraschende Zeichen gefährlich. Sie beanspruchen zuviel Verarbeitungsaufwand. Auf keinen Fall dürfen sie an solchen Stellen stehen, wo sie nicht erwartet werden und wo mit hohen Geschwindigkeiten gefahren wird. Mancher Unfall kann durch eine psychologisch falsche Beschilderung erklärt werden.

Welches Verkehrszeichen kann schneller erkannt werden?

A. Ein in der gegebenen Verkehrssituation seltenes (mithin nicht zu erwartendes)
B. Ein in der gegebenen Verkehrssituation häufiges (mithin eigentlich zu erwartendes)

---

A. die Anzahl der Verkehrszeichen so niedrig wie möglich zu halten

Dritter Abschnitt:

**Wie man sich lernaktiv erhält**

Was den Alten Schwierigkeiten macht, ist teilweise auch für Jüngere ein Problem, nämlich der soziale Druck in Richtung auf geistige Unbeweglichkeit und Mittelmäßigkeit der Leistung. »Anpassung« wird gefordert hinsichtlich der Form und des Inhalts geistiger Aktivitäten. Originalität kann ein Makel werden.

Schon in der Schule schreckt das Prädikat »Streber«. Der Sandkasten-Gesellschaft entwachsen, sieht sich der einzelne noch grimmigeren Recken und Wächtern der Ordnung gegenüber. Juristen, Psychiater, Psychologen, Theologen lassen sich als Chirurgen der Gesellschaft mißbrauchen. Sie schneiden unbekümmert heraus, was »krank« und »faul« und »stinkend« scheint, wie es medizinische Chirurgen bis vor wenigen Jahrzehnten taten, die rücksichtslos Mandeln, Blinddärme, Drüsen und Teile des Gehirns entfernten.

»Krank« ist, wer anders denkt und handelt oder fühlt, als es das sogenannte »gesunde Volksempfinden« vorschreibt.

### 3. Konstruktion und Prägnanz

Auch der Aufbau eines Zeichens (oder Superzeichens) ist entscheidend für seine Schwierigkeit. Der Aufbau ist bestimmt durch die Anzahl und Schwierigkeit der Elemente, aus denen das Zeichen oder Superzeichen zusammengesetzt ist, sowie die Art ihrer Verknüpfung. Je größer die Anzahl der Elemente, je komplizierter ihre Verknüpfung, desto schwieriger wird das Zeichen, desto mehr Information transportiert es und desto langwieriger ist der Lernprozeß.

Beispiel: Eine 8 ist als Zeichen schwerer zu lernen als eine 0, denn die **0** besteht aus einem Kreiselement, die **8** aus zwei übereinander angeordneten Kreiselementen. Außerdem ist die 0 das häufigere Zeichen.

Immerhin aber ist wenigstens die Art der Verknüpfung für die Kreiselemente der 8 einfach. Mathematische Verknüpfungen, wie etwa die Verknüpfung von x und y in der folgenden Formel, können weit schwieriger sein.

$$y = \int_{-\infty}^{x} \frac{N}{\sigma\sqrt{2\pi}} \, e^{-\frac{x^2}{2\sigma^2}} \, dx$$

Wenn zwei Zeichen zu einem Superzeichen vereinigt werden, ist das Superzeichen schwieriger als jedes der beiden Zeichen für sich genommen. Und wenn mehrere Superzeichen zu einem Superzeichen höherer Ordnung verschmolzen werden, ist dieses neue Ganze komplizierter als das komplizierteste der Einzelelemente (auch wenn diese selbst bereits Superzeichen darstellen).

Warum? A. Weil die Verknüpfung schwieriger ist.
B. Weil die Anzahl der Elemente größer ist.

---

B. Ein häufiges

---

Pause
Pau-se

Beantworten wir nach diesen drei Aspekten die Frage: Sollen Kinder zuerst **Schreibschrift** oder **Druckschrift** lernen? Was wäre leichter?

Nach dem ersten Aspekt (Zeichenmenge) ergibt sich kein Unterschied. Die Zahl der Schriftzeichen ist jeweils gleich.

Auch der zweite Aspekt (Geläufigkeit) zeigt zunächst keinen Schwierigkeitsunterschied. Die Häufigkeit der einzelnen Buchstaben ist innerhalb beider Schriftarten gleich. Doch die Häufigkeit der Schriftarten selbst ist unterschiedlich. Druckschrift wird häufiger verwendet, ist also geläufiger und deshalb informationsärmer, das heißt leichter.

Wichtig ist der dritte Aspekt (Darstellungsaufwand). Druckbuchstaben lassen sich aus einer geringeren Anzahl von Formelementen zusammensetzen, ohne daß sie deshalb weniger prägnant wären.

Ergebnis: Wir sollten also die Druckschrift als Anfangsschrift vorziehen, weil dadurch das Lesenlernen leichter wird.

Seit 1963 liegen auch empirische Untersuchungsergebnisse vor, die den Nachweis liefern, daß es für Abc-Schützen leichter ist, Druckbuchstaben zu lesen und zu schreiben (Autor: Prof. R. Meis, Kettwig). Aber weder die Verlage noch die Schulbehörden ziehen die Konsequenzen. Und an deutschen pädagogischen Hochschulen wird das Problem der Anfangsschrift teilweise überhaupt nicht behandelt.

A. und B. Weil die Anzahl der Elemente größer und die Art der Verknüpfung auch oft schwieriger ist.

**Die Steilheit des Kapazitätsverlustes und seine Ursachen**

Es gibt Unterschiede hinsichtlich der Steilheit des Kapazitätsabfalls. (Die Ursachen für den unterschiedlichen Altersabbau der Zuflußkapazitäten und der Gegenwartsdauer sind noch nicht erforscht.)

Da auch die Geschwindigkeit des Informationszuflusses zum Gedächtnis abfällt, reicht das gewohnte Informationsabbautempo nicht mehr hin, um dem Informationszerfall zuvorzukommen. So hat der alternde Mensch das Empfinden, vergeßlich zu werden.

Auch das Denken macht Schwierigkeiten, weil es wegen der geringeren Bewußtseinskapazität in »kleineren Portionen« ablaufen muß. Auf der anderen Seite macht es immer größere Mühe, selbst »altgediente« Konzepte mit hoher Informationsbindung zu reproduzieren oder zur Lösung neuer Probleme zu verwenden. Es ist schwierig, die großen Probleme ins Bewußtsein zu bugsieren und dort zusammen mit neu aufgenommener Information zu einem neuen Ganzen zu verschweißen.

Dazu ist eine klare Gliederung der Konzepte (die natürlich zugleich auch die Informationsbindung mindert) hilfreich. Gegliederte Konzepte können quasi »scheibchenweise« im Bewußtsein ver- oder bearbeitet werden.

PAUSE!
Pause

Auch für junge Menschen kann Neues zu informationsreich sein, um richtig verstanden zu werden, wenn die erforderlichen Konzepte nicht entwickelt sind.

Kinder sind es z. T. gewohnt, ihre Verständnisunfähigkeit zu erleben. Alte Menschen haben das manchmal verlernt. Es fällt Ihnen schwer, die Vorläufigkeit und Unzulänglichkeit ihres Verstehens hinzunehmen. Denn den Mangel an Verständnis eingestehen heißt für die Alten, Unsicherheit vor Augen zu haben, die nicht mehr zu beseitigen ist.

Natürlich gibt es Unterschiede hinsichtlich der Fähigkeit, Ungewißheit zu ertragen. Menschen, die das können, wirken im Alter abgeklärt, weise.

A. ist richtig

Fünfter Abschnitt:

## Gute Theorien – gute Konzepte

Manche Superzeichen sind in sich geschlossene Gebilde, zum Beispiel mathematische Superzeichen. Andere, etwa das Bild, das wir uns von einem Menschen machen, erscheinen in jeder Hinsicht offen. Vollständigkeit wird niemals erreicht.

In sich geschlossene Superzeichen sind leichter und sicherer zu verstehen, weil sie umfassend, klar und eindeutig sind. Offene Superzeichen lassen dem Fortschritt der Wissenschaft und der Entwicklung persönlicher Verständnisfähigkeit immer noch Raum. Sie können nach und nach weiterentwickelt werden.

»Verstehen« ist der Name des Superzeichens, das in diesem Kapitel erläutert wird. Deshalb ist die folgende Frage wichtig. Ist das »Verstehen« ____________________.

A. ein offenes oder
B. ein geschlossenes Superzeichen?

Bei einer Zuflußgeschwindigkeit von 8 bit/sec und einer Gegenwartsdauer von 4 Sekunden im Alter ergibt sich eine Bewußtseinskapazität von nur 32 bit. Der Unterschied ist enorm.

Aber die allmählich schwindende Bewußtseinskapazität kann durch ein immer geschickteres Kodieren der zu verarbeitenden Information kompensiert werden. Ein geistig durchtrainierter Mensch ist in der Lage, mit Konzepten zu operieren, die außerordentlich wenig Information binden. Allerdings nur auf Gebieten, wo er einen entsprechenden Schatz an Bausteinen und »Konstruktionstechniken« (= Operatorkonzepten) erworben hat.

Die Einseitigkeit der geistigen Interessen rächt sich im Alter. Der Erwerb von neuen Kenntnissen und Fertigkeiten, für die keine Basis geschaffen wurde, ist sehr erschwert. Neues ist dann zu informationsreich, und viele Zusammenhänge bleiben unerkannt, unverstanden. Details, die zufällig noch erfaßbar sind, werden unsachlich in den Vordergrund gerückt.

Wer ein Leben lang versucht hat, Zusammenhänge zu erkennen, wer versucht hat, alles, was er bereits kannte, immer wieder in einem neuen Licht zu sehen, der ist im Vorteil.

Warum? (Bitte kreuzen Sie an.)

A. Er verfügt über mehr und differenziertere (Operator-)Konzepte.
B. Er hat eine größere Bewußtseinskapazität.

---

B. ist richtig

---

Eine Theorie des Verstehens ist wie die meisten anderen Theorien ein offenes Superzeichen. Geschlossene Superzeichen bezeichnet man besser als »Gesetz« oder »Formel«. Leider werden jedoch viele Theorien fälschlich als geschlossene Superzeichen oder Gesetze bezeichnet.

Theorien und andere offene Superzeichen können darum niemals »Wahrheit« sein, denn sie bleiben immer vorläufig. Sie können aufgrund theoretischer Überlegungen kritisiert und verändert werden. Fundierter ist eine experimentell gestützte Kritik. Aber nicht alle Theorien sind so konkret formuliert, daß sie experimentell überprüfbar wären. Das ist schlecht. Denn was nützt eine überzeugende Theorie, wenn sie nicht überprüfbar ist?

Das erste Qualitätskriterium für Theorien (für übergreifende Zusammenhänge, die den Abbau von Information bzw. von Unsicherheit ermöglichen sollen) ist also dies: Sie müssen experimentell überprüfbar sein. Das heißt: sie müssen es gestatten, so konkrete Schlußfolgerungen zu ziehen, daß diese im Experiment eindeutig überprüft werden können.

Bitte überlegen Sie, welche überprüfbaren Schlußfolgerungen sich aus dem bisher über das Verstehen Gesagte ableiten lassen. Nennen Sie mindestens eine, etwa in Form einer Lernregel.

---

---

(Sie können ruhig zehn Minuten nachdenken, bis Sie eine zufriedenstellende Antwort finden. Zurückblättern ist erlaubt.)

---

A. ein offenes Superzeichen

---

3. Die Kapazitäten des Bewußtseins und des Gedächtnisses fallen ab.

Zwei Komponenten bestimmen die Bewußtseinskapazität: Zuflußgeschwindigkeit und Gegenwartsdauer. Ein Diagramm mit den Veränderungen der Zuflußgeschwindigkeit relativ zum Lebensalter haben Sie auf Seite 34 gelesen. Vergleichen Sie nun bitte die Veränderungen der Gegenwartsdauer relativ zum Lebensalter. (Auf Seite 128 wurde der Begriff »Gegenwartsdauer« erklärt.)

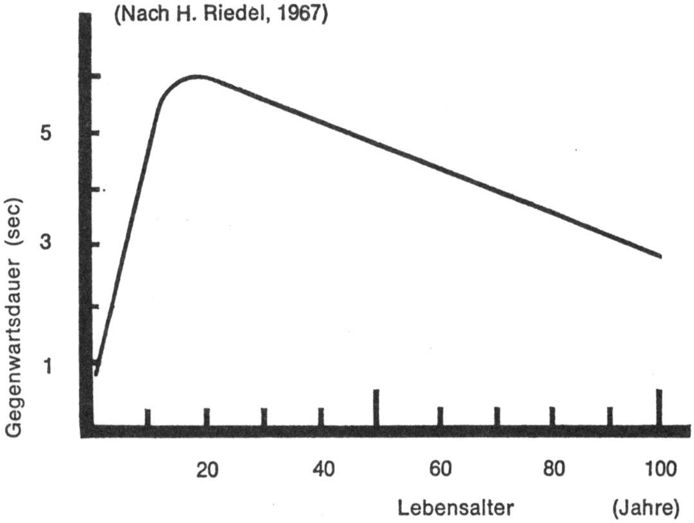


Zuflußgeschwindigkeit mal Gegenwartsdauer ist gleich Bewußtseinskapazität. Für einen Zwanzigjährigen beträgt sie durchschnittlich **12 bit/sec mal 6 Sek. = 72 bit**

Das heißt:

A. 72 bit Bewußtseinskapazität müssen zum unmittelbaren Behalten aufgewendet werden.
B. 72 bit können für das Bewußtsein unmittelbar verfügbar gehalten werden.

---

B. ist richtig

Das zweite Qualitätskriterium: eine Theorie soll soviel bedeutsame Einzelinformation bzw. Einzeltatsachen abdecken wie irgend möglich. Denn je mehr Einzelinformation abgedeckt wird, um so mehr Unsicherheit hilft sie zu beseitigen, um so mehr Information wird damit abgebaut. Und dazu soll sie ja dienen. Durch Superzeichenbildung soll Information abgebaut werden, ohne daß wesentliche Einzelheiten verlorengehen.

Welche der beiden folgenden »Theorien« ist im Hinblick auf das zweite Qualitätskriterium besser?

A. die »W-Theorie«

oder

B. die »F-Theorie«

**Beispiel A.: »Beim Lernen Superzeichen entwickeln, um Information abzubauen.«**
**Beispiel B.: »Möglichst informationsarme Superzeichen entwickeln.«**
Beispiel C: »Immer in Zusammenhängen denken.«

Damit Erwartungen vielfältig und reichhaltig gebildet werden, muß der Mensch motiviert sein, durch ein allgemeines geistiges Aktivitätsbedürfnis oder durch spezielle Bedürfnisse und Interessen.

Es ist nicht leicht, sich selbst zu motivieren. Die Gemeinschaft mit Gleichgesinnten kann beflügeln. Gefährlich ist die anpassende Eingliederung in einen Kreis müder Alter, die vom Leben Abschied nehmen.

Wer nicht verkalken will, muß Umgang mit Menschen pflegen, die Ziele haben und nach vielen Seiten hin aufgeschlossen sind.

Was ist hier richtig?

A. Gehen Sie zum Stammtisch, wo über Sicherheit und Recht und Ordnung die Rede ist und wo hin und wieder auch mal anständig auf die Platte gehauen wird.
B. Halten Sie Kontakt mit Konservativen und Progressiven, mit Akademikern und Nicht-Akademikern, mit Armen und mit Kranken, mit Technikern und Käuzen, mit Kindern und mit Alten. Nehmen Sie sich die Zeit, um Ihre Eindrücke mit Muße zu verarbeiten.

---

A. ist richtig

Die »W-Theorie« ist besser, weil sie mehr Einzelinformation (5 Punkte) abdeckt. F deckt nur 4 Punkte (und verleitet zu Fehlschlüssen wegen des fehlenden Mittelstrichs).

Unter dem gleichen Gesichtspunkt wäre die »Katzen-Theorie« allerdings noch wesentlich besser. Sie deckt noch mehr Einzelinformation (38 Punkte) und faßt sie zu einem schlüssigen (aber nicht normierten) Superzeichen zusammen.

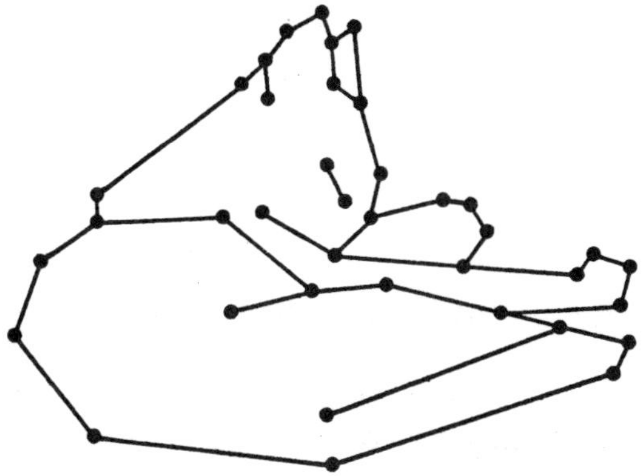

2. Ältere Menschen haben zu wenige Interessen.

Kinder interessieren sich für alle möglichen und »unmöglichen« Dinge. Neues wird lustvoll aufgegriffen und betrachtet und nach allen Seiten ausprobiert.

In unserer Kultur gehört es zu den Zeichen der Reife, daß die Vielfalt der Interessen allmählich gebündelt, kanalisiert und begradigt wird. Die meisten Erwachsenen bringen dem Reife-Ideal unserer Gesellschaft dieses Opfer.

Bei alten Menschen nun verblassen selbst viele der Ziele, die diesen Anpassungsprozeß überdauert haben. Neue Interessen erwachsen nur spärlich. Dadurch wird der Alltag einförmig, »grau«. Innovationen bleiben aus. Es scheint nichts Neues mehr zu geben. Alles ist schon mal dagewesen. Denn Innovationen, intellektuelle Innovationen, und damit Verwunderung und Anregung werden nur erlebt, wenn ______________________________

______________________________________________

A. Erwartungen gebildet werden, die eine Enttäuschung erfahren.
B. keine neuen Interessen gebildet werden.

(Sollten Sie nicht mehr ganz sicher sein, lesen Sie bitte noch einmal die Seiten 106 bis 109.)

A. ist richtig

Wenden wir nun beide Qualitätskriterien an, wenn wir die folgende Zeichnung beurteilen.

Die »Blumen-und-Schmetterlings-Theorie« ist schlechter, obwohl sie umfassend ist. Weil man weniger exakte Hypothesen ableiten kann als bei der »Katzen-Theorie« oder der »WMF-Theorie«. Blumen und Schmetterlinge können in so unendlich vielen Varianten gezeichnet werden, daß sie damit praktisch jeden Punkte-Haufen erklären können. Die Umrißzeichnung einer schlafenden Katze (aus einer bestimmten Perspektive gesehen) ist im Verhältnis zu der dadurch abgedeckten Einzelinformation weit weniger _____ .

A. vorläufig
B. allgemein

Es gibt drei Hauptgründe für das Nachlassen der Lernleistung.

1. Es fehlen Anreize, um die geistige Beweglichkeit zu erhalten und zu fördern.

Für die meisten beruflichen Positionen wird eine allgemeine geistige Beweglichkeit und Aufgeschlossenheit kaum gefordert und gefördert. Nur wenige Fähigkeiten und wenige Wissensgebiete werden im Laufe des Erwachsenenalters noch weiterentwickelt. Vielen fällt das nicht als Mangel auf.
In Stellenanzeigen wird der »gestandene« Mann gesucht, der, allen Experimenten abhold, eine gerade berufliche Entwicklung genommen hat und, ohne nach rechts und links zu schauen, seine Ziele verfolgt. Diese veränderungsfeindliche Haltung hat lernfeindlichen Charakter. Aus der Lernfeindlichkeit wird eine Lern- und Veränderungs**unfähigkeit.**

Was ist die Folge?

A. Anpassungsschwierigkeiten bei Umstellungen am Arbeitsplatz oder bei Veränderungen in der Familie oder in der Gesellschaft.
B. Die Entwicklung der Wissenschaft stagniert.

---

Alle drei Gründe, A., B. und C. sind wichtig.

Sie können nun offene und geschlossene Superzeichen unterscheiden und kennen Kriterien, um ihre Qualität zu beurteilen.

Haben Sie damit zugleich auch Kriterien zur Beurteilung der Güte von Konzepten in der Hand? Wenn das so wäre, könnten Sie damit ______________________________

A. die Qualität Ihres Verständnisses prüfen.
B. ein geschlossenes Verständnis erreichen.

B. allgemein

Auch im Alter können Sie noch schnell lernen.

Alte Menschen müssen trotz des geringeren Informationszuflusses zum Bewußtsein und zum Gedächtnis nicht schlechter lernen als Zwanzigjährige. Denn: Sie besitzen mehr Erfahrung und mehr denkerische Möglichkeiten – falls sie im Denken geübt sind. Wenn ihnen dadurch ein tieferes oder umfassenderes Verständnis des Lernstoffs gelingt, müssen sie weniger Information abspeichern als jüngere Menschen. Sie erreichen dann den gleichen oder sogar einen besseren Behaltenseffekt als weniger trainierte junge Menschen.

Außerdem: für die Praxis ist es geschickter und schneller, Gedächtnisinformation mit Hilfe wenig informationsbindender Konzepte abzurufen. Wahrscheinlich erklären sich die enormen geistigen Leistungen mancher alter Menschen auf diese Weise.

Trotzdem sind hohe Lernleistungen im Alter recht selten.

Warum? Können Sie aus Ihrer eigenen Erfahrung eine Antwort geben?

A. Es fehlen Anreize, um die geistige Beweglichkeit zu erhalten und zu fördern.
B. Ältere Menschen haben zu wenige Interessen.
C. Die Kapazitäten des Bewußtseins und des Gedächtnisses fallen ab.

---

Antwort A. ist genauer

---

Konzepte sind Abbildungen von Superzeichen im Zentralnervensystem. Eine falsche Superzeichenbildung hat deshalb eine ebenso falsche Konzeptbildung zur Folge und damit Mißverständnisse. Sie können also die Qualität Ihres Verständnisses beurteilen, indem Sie die Qualität der Superzeichen untersuchen, mit denen Sie das zu Verstehende erfaßt haben.

Es ist wichtig, dabei kritisch zu sein. Denn alle Konzepte, die Sie bilden, dienen als Basis für die weitere Lernarbeit. Erinnern Sie sich an das Kapitel »Etwas zur Kenntnis nehmen« (Seite 40 und 41). Wir brauchen Konzepte für jede Art der Sinneswahrnehmung, für jede Art von Denkprozessen, damit neu eintreffende Nachrichten jeweils ohne Zeitverlust und möglichst vorbewußt analysiert werden können, um Information abzubauen. Sonst bleibt die Nachricht unüberschaubar und kann nicht ausgewertet werden.

Nur Information, die vom Empfänger abgebaut werden kann, ________________________

A. informiert und ist auswertbar.
B. ist vorbewußt analysierbar.

---

A. die Qualität Ihres Verständnisses prüfen

Zweiter Abschnitt:

## Lernen und Alter

Nach allgemeiner Auffassung lernen Kinder schneller und leichter als Erwachsene. Deshalb hat es Sie vielleicht gewundert, daß sowohl der Informationszufluß zum Bewußtsein als auch der Informationszufluß zum Gedächtnis bei Kindern wesentlich geringer ist als bei Erwachsenen. Wenn weniger gespeichert wird, werden Sie sagen, können Kinder doch nicht schneller und leichter lernen.

Aber Kinder lernen trotzdem vieles leichter als die meisten Erwachsenen. Weil sie mit ihrer lebendigen Phantasie, die immer wieder auf neue Anregung aus ist, gespeicherte Inhalte ständig um und um gestalten. Über viele Überlegungen »landen« sie wieder bei Bekanntem und Vertrautem, das auf diese Weise in mannigfachste Zusammenhänge eingebettet und **informationsärmer** wird. Dadurch prägt es sich leicht und dauerhaft ein.

Außerdem sind Kinder leichter konditionierbar als Erwachsene.

Wissen Sie noch, was »Konditionieren« bedeutet? (Bitte kreuzen Sie an.)

A. Durch ein geschicktes Arrangieren von »Verstärkern« (Bedürfnisbefriedigung) läßt sich eine gezielte Änderung der Wahrscheinlichkeit bewirken, mit der ein bestimmtes Verhalten (Denken, Fühlen, Handeln) in einer bestimmten Situation gezeigt wird.
B. Kinder sind anpassungsfähiger als Erwachsene.

Nur sehr geläufige Konzepte können bereits in vorbewußten Informationsverarbeitungs-Prozessen wirksam werden, um Information abzubauen, zum Beispiel beim Lesen unserer Schriftzeichen oder beim Autofahren.

Manche Konzepte sind so geläufig und so grundlegend für unser Erkennen, daß sie fast nur noch vorbewußt verwendet werden. Wir merken es gar nicht mehr, daß wir sie benutzen. So natürlich erscheinen uns diese Denkschemata. Man kann sie »Basis-Konzepte« nennen, denn sie bilden die Basis für alles bewußte Denken und Verstehen.

Um das zu verstehen, müssen Sie sich noch einmal den Aufbau eines Superzeichens klarmachen. Immer dann, wenn mehrere Zeichen zu einem neuen Ganzen zusammengefaßt werden, bilden sie ein Superzeichen. Das Ganze ist mehr als die Summe seiner Teile, mehr als die Summe der einzelnen Zeichen, aus denen es zusammengesetzt ist. Denn das Ganze umschließt zugleich den Zusammenhang der Teile. Darum transportiert es **weniger** Information als die Summe der für sich allein betrachteten Teile. Andererseits besteht das Ganze natürlich nicht ohne die Elemente, aus denen es zusammengesetzt ist, und jede Veränderung an einem seiner Teile verändert das Ganze.

Gilt dies im gleichen Sinne auch für Konzepte?

Was muß darum geschehen, wenn zwei Personen mit unterschiedlichen Basiskonzepten über das gleiche Thema sprechen?

A. Sie geraten in Streit.
B. Sie können sich nur schwer verstehen.

A. informiert

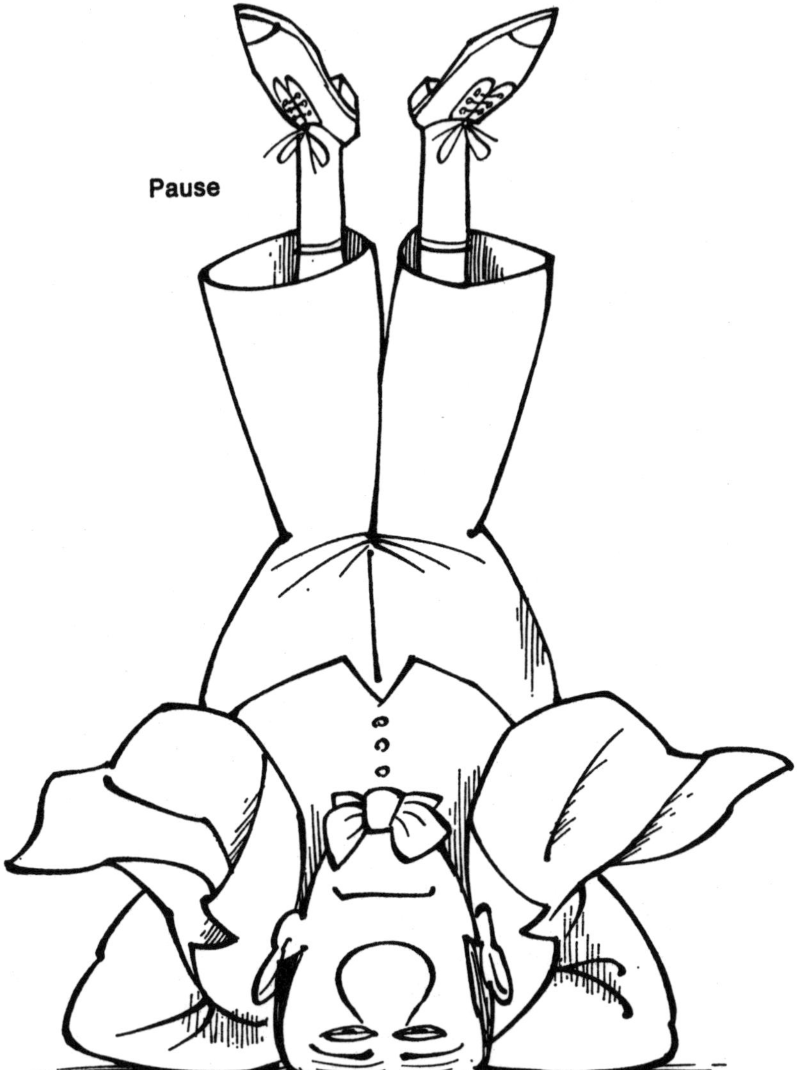


A. ist richtig

Wenn also von Generation zu Generation teilweise veränderte Basiskonzepte gelernt werden (beispielsweise zum Themenkreis des Gehorsams), muß das zu Verständnisschwierigkeiten führen, zu »Generationsproblemen«. Zumal die Differenzen zwischen Alten und Jungen teilweise auf einem Niveau verursacht werden, das durch bewußtes Denken nicht mehr erreicht wird.

Man kann sich in die Gedankenwelt eines anderen, der mit fremden Basiskonzepten operiert, nur schwer hineindenken. Man versteht ihn nicht. Kulturelle Unterschiede können darum zu beinahe unüberbrückbaren Barrieren zwischen den Völkern führen.

Gegenseitiges Verstehen setzt also immer das Vorhandensein eines ähnlichen oder, besser, gleichen Hintergrundes von Basiskonzepten beim Sender wie beim ________ einer Nachricht voraus.

A. Autor
B. Empfänger

---

B. Sie können sich nur schwer verstehen

Wenn Sie sich etwas eingeprägt haben, können Sie vier Stunden später noch 90 % des Gelernten wiedererkennen. Aber zum vollständigen Wiederlernen müßten Sie bereits 60 % der ursprünglich benötigten Zeit aufwenden.

Nutzen Sie deshalb die Leichtigkeit des Wiedererkennens! Rekonstruieren Sie in Gedanken die Vergessenslücken. Je mehr Sachverstand und je mehr logische Fähigkeiten Sie besitzen, desto besser gelingt es. Wenn Sie die richtige Ergänzung gefunden haben, werden Sie sie meist auch wiedererkennen. Lassen Sie Ihre Phantasie spielen; die Wahrscheinlichkeit, daß Ihnen dabei neue, logische und einfache Zusammenhänge deutlich werden, ist groß. Dadurch – durch Superzeichenbildung (vgl. Seite 67 bis 74!) – vermindern Sie zugleich die Informationsbindung des verlorengegangenen Konzepts oder zumindest eines Teils, einer Unterstruktur desselben.

Wenn die Informationsbindung sinkt, wird vielleicht eine kritische Grenze unterschritten, und das Ganze oder ein Abschnitt des Gelernten ist auf einmal wieder aus dem Gedächtnis reproduzierbar.

Können Sie sich denken, welche kritische Grenze gemeint ist?
(Bitte kreuzen Sie an.)

A. Die Grenze, wo Informationszerfall und Abbau der Informationsbindung des fraglichen Konzepts sich die Waage halten.
B. Die kritische Grenze zwischen Wieder-Lernen und Wiedererkennen.

Man kann es noch anders formulieren. Der Verstehensprozeß wird vorbewußt vorprogrammiert. Konsequenz: Nur wenn die vorbewußte Analyse auf unlösbare Schwierigkeiten stößt, wird Information bewußt abgebaut.

Die verbliebene Restinformation darf nach Beendigung des Verstehensprozesses nur noch wenige bit (vgl. Seite 29!) betragen. Alles andere muß durch »Rückführung auf Bekanntes« als »Schein-Neuigkeit« abgebaut werden –

**oder** es muß als unwichtig ausgeschieden werden.

A. Nur ein minimaler Informationsrest darf übrigbleiben.
B. Nur ein minimaler Informationsrest darf übergangen werden.

Nach 48 Stunden müßten Sie fast 90 % der ursprünglich benötigten Lernzeit wieder aufwenden, um erneut das gleiche Lernergebnis zu erzielen. Das gilt, wenn Sie ohne Verstand sinnlos pauken.

Sie sollten es in Zukunft nicht mehr tun. Sie haben das nicht mehr nötig, denn dazu hilft eine wichtige Information: Wiedererkennen ist leichter als Wieder-Lernen.

So deutlich ist der Unterschied.

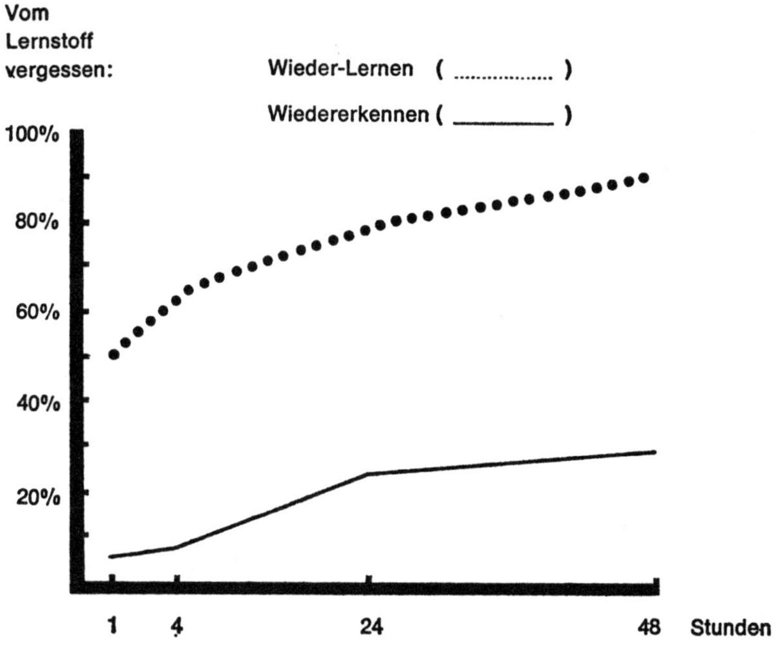


(Diagramm nach Luh, 1922)

---

mehr als 60 Prozent

---

Dieser Rest (fast nur ein Hauch)
bleibt übrig
und muß dem Gedächtnis eingeprägt werden.

A.

So schnell entsteht Informationsnot:

Aus dem folgenden Diagramm können Sie ablesen, wieviel Prozent der ursprünglich benötigten Lernzeit Sie erneut aufwenden müssen, um (bei sturer Paukarbeit) einen Lernstoff wieder zu beherrschen, nachdem eine gewisse Zeit verflossen ist.

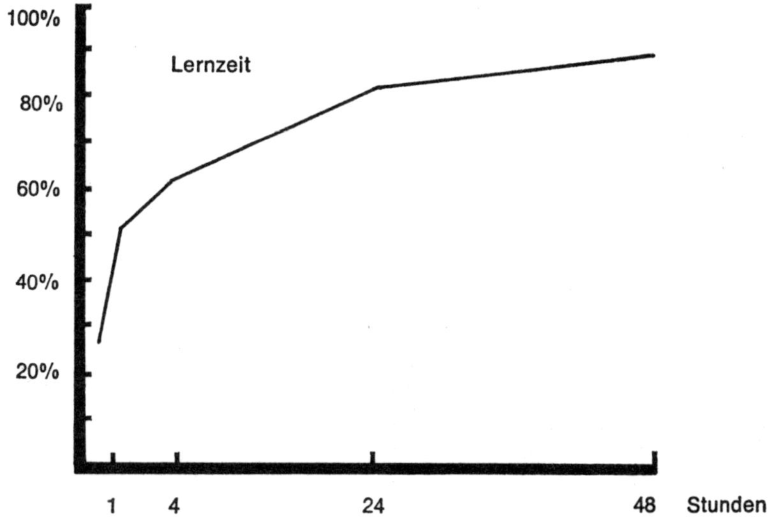


(Nach Luh, 1922)

Bereits nach vier Stunden müssen Sie mehr als __% der ursprünglich benötigten Lernzeit wieder aufwenden.

B. ist richtig

Pause

Aber bereits nach einer Stunde ist ein Teil der gespeicherten Information vergessen, und nach 48 Stunden ist weit mehr als die Hälfte zerfallen. Wieder entsteht Informationsnot.

Und das ist Ihre große Chance. Die Informationsnot, die durch den Zerfall der im Gedächtnis gespeicherten Information entsteht, zwingt Sie immer wieder zur Überarbeitung bereits gebildeter und eingespeicherter Konzepte – falls Sie nicht den scheinbar bequemeren Weg gehen, Vergessenes eben mal nachzuschlagen.

Wenn Sie Gedächtnislücken durch logische Überlegungen schließen, bewirken Sie damit eine Neugestaltung des eingespeicherten Konzepts. Sie vermindern seine ______________________________ ______________________________.

A. Komplexität und erhöhen seine Informationsbindung
B. Informationsbindung und erhöhen seine Komplexität

(Sollten Sie sich nicht ganz sicher sein, lesen Sie bitte noch einmal die Seiten 96 bis 101.)

---

B. Nein

Sechster Abschnitt:

**Konzepteigenschaften**

Wenn Lernprobleme durch die Bildung von Konzepten gelöst werden, dann müssen unterschiedliche Lernerfolge durch unterschiedliche ______________________ aufgeklärt werden können.

A. Gedächtnisleistungen
B. Arten der Konzeptbildung

Aber die Schläge, die Sie nachträglich zählen, klingen farblos, unwirklich wie ein Schatten. Es fehlt bereits weitgehend der nur vorbewußt bis an die Schwelle des Bewußtseins aufgenommene Informationsanteil. Es fehlt die im Augenblick der Wahrnehmung verfügbare Hintergrundinformation, auf die das Bewußtsein sonst jederzeit zurückgreifen kann, ein Hintergrund vielleicht auch von Gefühlen und Stimmungen.

Durch den rasanten Informationszerfall folgt auf die Informationsflut sehr bald schon die **Informationsnot.**

Aber Sie können so schnell denken, daß Informationszerfall und Informationsabbau sich die Waage halten, wenn bereits genügend ausgefeilte Konzepte zur Verfügung stehen. Das heißt, wenn die zu verarbeitenden Nachrichten nicht allzuviel Neues enthalten.

Sie müssen durch bewußte Konzeptbildung immer mehr Einzelinformation überflüssig machen und Wesentliches durch kritische Überlegungen gezielt wachhalten. So können Sie die verarbeitete Nachricht im Gedächtnis speichern.

Besteht dann noch Informationsnot? __________

A. **Ja**
B. **Nein**

---

A. drei Sekunden

Unterschiedliche Lernfähigkeiten verschiedener Personen müßten entsprechend durch ______________________ erklärt werden.

A. individuelle Lernleistungen
B. individuelle Arten der Konzeptbildung

B. Arten der Konzeptbildung

Was unser Bewußtsein aus dem Angebot herausgreift, bleibt allerdings auch nur für begrenzte Zeit voll verfügbar. Danach zerfällt auch die bewußt zur Kenntnis genommene Information, falls unsere Gedanken nicht dabei verweilen.

So zerfällt die zur Kenntnis genommene Information.

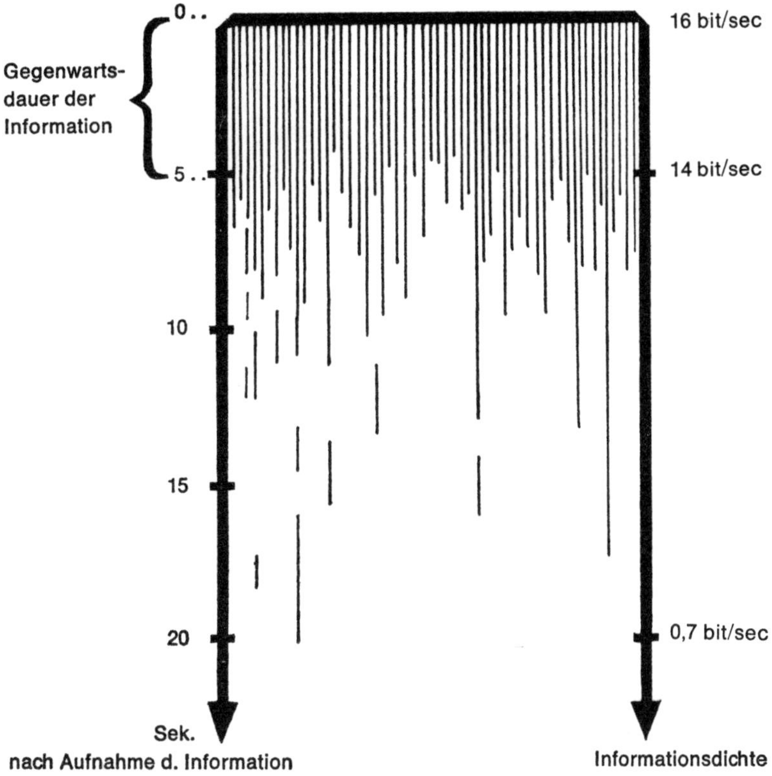


Ins Bewußtsein aufgenommene Information bleibt im Schnitt etwa fünf Sekunden voll erhalten. So lange kann sie also auch noch nachträglich analysiert werden.

Wenn Sie die Uhr schlagen hören, können Sie ohne weiteres erst __________ nach dem ersten Schlag zu zählen beginnen.

A. drei Sekunden
B. acht Sekunden

---

A. ist richtig

Ein Lernstoff, ein und dasselbe Superzeichen kann mit den unterschiedlichsten Konzepten im Zentralnervensystem abgebildet werden.

Um das zu verstehen, müssen Sie zwei wesentliche Eigenschaften von Konzepten kennen.

**1. Informationsbindung**

Jedes Konzept beansprucht Gedächtniskapazität. Je nach Kodierungsgeschick können zwei Menschen für die Konzeptualisierung der gleichen Nachricht unterschiedlich viel Gedächtniskapazität benötigen.

Ein Konzept, das viel Gedächtniskapazität benötigt, hat eine hohe Informationsbindung. Ein Konzept, das wenig Gedächtniskapazität erfordert, hat eine geringe Informationsbindung.

Wer braucht mehr Gedächtniskapazität? Wer bildet Konzepte mit höherer Informationsbindung? ______________________

A. Der bessere Lerner.
B. Der schlechtere Lerner.

---

B. individuelle Arten der Konzeptbildung

Durch dieses Nachrichtengewirr huscht unser Bewußtsein wie eine Lupe und sucht nach interessanten Informationen.

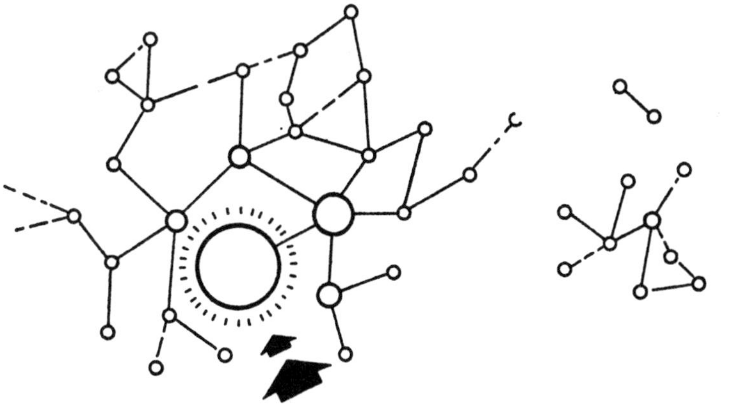

$^{1}/_{16}$ Sekunde lang bindet diese Nachrichteneinheit mit 1 bit Information die Kapazität des Bewußtseins.

Das Angebot bleibt für einige Augenblicke stehen. In jedem Moment aber kommt neue Information hinzu, und andere, in Sekundenbruchteilen veraltete Information zerfällt.

Welche Erläuterung ist richtig? (Bitte ankreuzen.)

A. Jeder Kreis in der obigen Zeichnung stellt eine von mehreren gleichzeitig angebotenen und teilweise miteinander verketteten Nachrichteneinheiten dar.
B. Die Kreise stellen das Bewußtsein dar.

A. ist richtig

## 2. Komplexität

Das ist die Eigenschaft eines Konzepts, Einzelheiten oder Zusammenhänge so klarzumachen, daß man sie sich nicht mehr zu merken braucht. Man kann sie logisch ergänzen oder erschließen. Ein Konzept mit hoher Komplexität hat viele solcher »Lücken«, die durch schlußfolgerndes Denken geschlossen werden. Ein Konzept mit geringer Komplexität ermöglicht kein solches Vorgehen. Alle wesentlichen Einzelheiten und Zusammenhänge müssen darum im Gedächtnis festgehalten werden.

Je größer die Komplexität eines Konzepts, desto höher ist der zur Konzeptbildung und -nutzung erforderliche ______________________ ______________________.

A. intellektuelle Aufwand
B. Gedächtnisaufwand

Ein Beispiel:
Bitte lesen Sie die nachstehende Zahlenfolge aufmerksam durch.

4 8 5 10 7 14 11 22 19 38 35 70 67

Wenn Sie diese Zahlenfolge auswendig lernen wollen, brauchen Sie dazu mehrere Minuten. Sobald Sie jedoch das Ordnungsprinzip (abwechselnd verdoppeln und dann wieder 3 abziehen) erkannt haben, müssen Sie sich nur noch die Anfangszahl und das Prinzip merken. Dazu benötigen Sie nur wenige Sekunden. Sie müssen zwar mehr denken, brauchen aber nur noch wenig zu behalten. Die Komplexität ihres Konzepts der Zahlenfolge ist größer geworden. Die Informationsbindung dagegen hat entscheidend abgenommen.

---

B. Der schlechtere Lerner

Das soeben erläuterte Modell erscheint klar und vielleicht einleuchtend. Aber es ist zu einfach. In Wirklichkeit ist der Strom der Nachrichten so dicht, daß in jedem Moment weit mehr Information zur Kenntnisnahme ansteht, als überhaupt bewußt werden kann. Die dem Bewußtsein angebotene Information ist also nicht eine Kette fein säuberlich nacheinander eintreffender Nachrichteneinheiten.

Millionen bit können allein in $^1/_{16}$ Sekunde unser Gehirn überfluten.

Zwar wird diese Rohinformation vorbewußt weitgehend aufgearbeitet, aber selbst bis an die Schwelle des Bewußtseins mögen immerhin vielleicht noch 100 oder 150 bit gelangen.

Wie sind die Verhältnisse also tatsächlich? (Bitte kreuzen Sie an.)

A. In jedem Moment steht dem Bewußtsein ein relativ breites Informationsangebot zur Verfügung: Information von den Sinnesorganen, Information aus dem Gedächtnis und Information, die durch unsere Phantasie entwickelt wird.
B. Trotzdem kommen die verschiedenen Nachrichteneinheiten einzeln und nacheinander bis an die Schwelle des Bewußtseins.

---

A. 1 bit

Die beiden Eigenschaften Informationsbindung und Komplexität stehen sich also alternativ gegenüber. Wenn die Komplexität eines Konzepts angehoben wird, sollte die Informationsbindung desselben Konzepts abnehmen. Sonst ist eine Steigerung der Komplexität nicht ökonomisch.

Nehmen wir an, zwei Personen wollen ein Konzept »Zinsrechnung« erwerben. Beide sind erfolgreich. Aber die Konzepte, die sie bilden, besitzen unterschiedliche Struktureigenschaften. Wie sollte die Eigenschaft »Informationsbindung« bei der Person 2 aussehen? Bitte ergänzen Sie die Graphik.

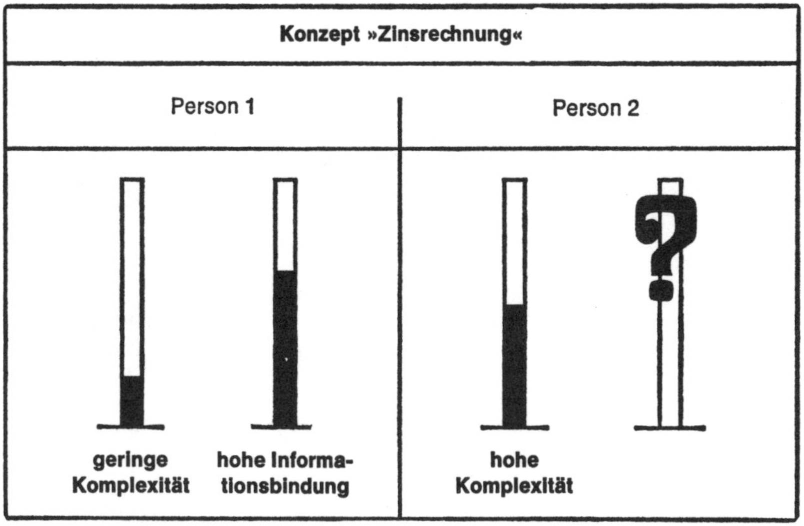


A. intellektuelle Aufwand

Doch solche Zahlen sagen noch nicht genug. Wir müssen uns ein noch besseres Bild davon machen, wie die ins Bewußtsein aufgenommene Information verarbeitet wird.

In unablässiger Folge nehmen wir Information zur Kenntnis, Information wie eine Perlenkette – ein bit nach dem anderen ...

... wird in wahrscheinlich fast gleichen Abständen (Lücken sind möglich) bewußt.

Jedes bit ... 

... ist so groß wie das andere ... 

1 bit einer Nachricht, die unsere Nase als Bratenduft registriert, ist soviel wie ________ Information aus Geheimdokumenten der NATO.

A. 0,5 bit
B. 1 bit

Das Konzept der Person 1 besitzt weniger Komplexität als das Konzept der Person 2. Dafür ist bei Person 1 die Informationsbindung größer.

Trotzdem: beide beherrschen die Zinsrechnung.

**Aber** – beherrschen beide die Zinsrechnung gleich gut? Das Konzept der Person 2 ist aufgrund der geringeren Informationsbindung leichter überschaubar, handlicher. Es beansprucht ja weniger Bewußtseinskapazität. Darum kann Person 2 schneller und sicherer rechnen. Insbesondere bei Textaufgaben macht sich dieser Vorteil bemerkbar.

Person 2 hat das Konzept weitgehend mit Hilfe logischer Operationen kodiert. Dadurch sind glasklare Zusammenhänge entwikkelt worden. Zusammenhänge, die die Informationsbindung des Konzepts verminderten.

Person 1 hat einfach Fakten, zum Beispiel verschiedene Rechenregeln, abgespeichert. Sie sind nicht gedanklich vereinigt und in Abhängigkeit voneinander gebracht worden. Das kostet Gedächtniskapazität und macht spätere Rechenoperationen aufgrund des Konzepts »Zinsrechnung« ________________.

A. einfacher
B. zeitaufwendig und fehleranfällig

---

**Die Informationsbindung bei Person 2 muß wesentlich geringer sein als bei Person 1.**

---

Nicht das Gedächtnis dieser Leute ist zu bestaunen. Ihr Verständnis ist besser. Die intellektuelle Leistung des Informationsabbaus ist zu bewundern. Auch ein kluger Kopf hinter der FAZ (Frankfurter Allgemeine Zeitung) behält nicht mehr als 5 % der bewußt zur Kenntnis genommenen Information, niemals mehr als 0,5 bis 0,7 bit pro Sekunde. Bei Kindern und alten Menschen sind es weniger.

So verändert sich die Menge der pro Sekunde gespeicherten Information bis zum 70. Lebensjahr.

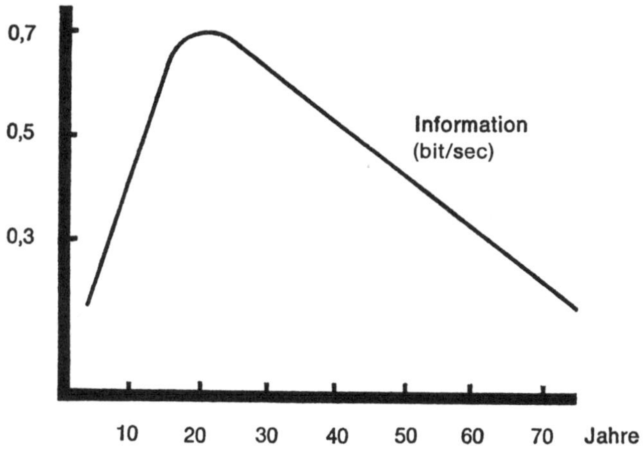


Doch diese Kurve bietet ein nur formal richtiges Bild. Die Qualität der Gedächtnisleistung kann bis in das höhere Alter steigen. (Mehr dazu auf Seite 135 ff!)

A. ist richtig.

Rechnungen mit dem Konzept von Person 1 (geringe Komplexität, hohe Informationsbindung) sind fehleranfälliger, weil Einzelheiten ohne logische Verbindung schwerer kontrollierbar sind.

**Beispiel:** Einer der Punkte ist verrutscht. Können Sie den Fehler finden? (Vgl. Abb. auf Seite 57!)

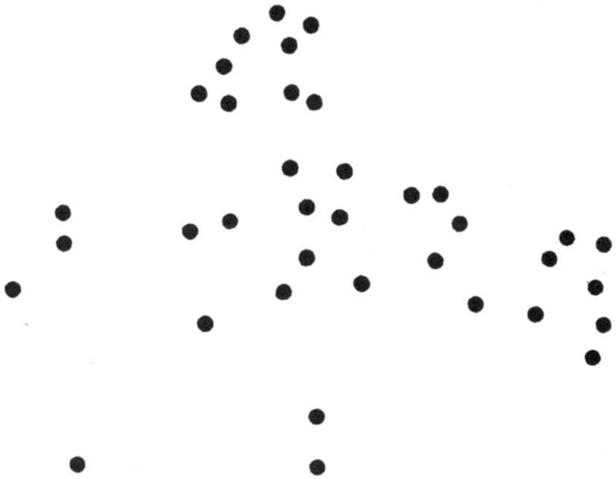

Es fällt Ihnen sehr schwer. Unten ist es dagegen leicht. (Es sind die gleichen Punkte wie oben.) Das Konzept, das sie von dieser Zeichnung bilden, besitzt eine höhere Komplexität, aber dafür eine wesentlich geringere Informationsbindung.

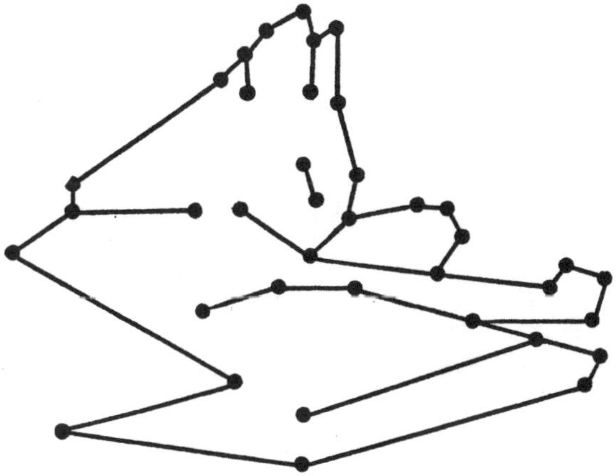

B. zeitaufwendig und fehleranfällig

Von allem, was wir bewußt und vielleicht mit äußerster Konzentration zur Kenntnis nehmen, behalten wir weniger als 5 %, wenn wir uns nicht zusätzlich enorm viel Zeit nehmen, um das zur Kenntnis Genommene dem Gedächtnis einzuprägen.

Diese Behauptung steht in krassem Widerspruch zu Spitzenleistungen von Fachexperten, die nach einmaliger Lektüre eines Aufsatzes noch Tage später ganze Passagen des Textes wiedergeben und erläutern können.

Wie läßt sich dieser Widerspruch erklären? (Bitte kreuzen Sie die richtige Antwort an!)

A. Durch ein besonders gründliches Verständnis sind diese Leute in der Lage, den Informationsgehalt einzelner Fachaufsätze so weit abzubauen, daß wenige bit Schlüsselinformation genügen, um das wesentliche Neue und den Aufbau des Artikels im Gedächtnis zu behalten.
B. Sie haben ein besonders trainiertes Gedächtnis, speziell für ihren Fachbereich.

---

2,9–4 Sekunden – (wenn 2 bit mit einer Geschwindigkeit von 0,5–0,7 bit/sec eingespeichert werden)

**Manipulieren Sie Ihre Lernaufgaben!**

Manipulieren Sie die Eigenschaften des zu bildenden Konzepts. Denn so bestimmen Sie selbst die Schwierigkeiten von Lernaufgaben, ohne den Lernstoff selbst zu verändern.

Entscheiden Sie, ob Sie durch eine Steigerung der Komplexität die erforderlichen intellektuellen Anforderungen verschärfen können, um Gedächtniskapazität zu sparen, oder ob Sie die intellektuellen Anforderungen niedriger halten sollten, um dafür aber mehr Paukarbeit und eine größere Fehleranfälligkeit in Kauf zu nehmen.

Wenn Zusammenhänge aufgedeckt werden, werden Einzelheiten unwichtig, wenn sie durch bekannte und geläufige logische Operationen erschlossen werden können. Das stellt Anforderungen an den Intellekt. Ein guter Lerner muß schnell und sicher denken können. Das heißt, er muß über eine Vielzahl von Konzepten für logische Operationen (sogenannte Operator-Konzepte) leicht und sicher verfügen.

Denn je mehr Einzelheiten durch logische Operationen hinreichend sicher ergänzt werden können, desto ökonomischer kann das zu erwerbende Konzept gebildet werden, desto ____________ ____________ verläuft der Lernprozeß.

A. schneller und sicherer
B. klarer und eindeutiger

Wer dazu nicht in der Lage ist, muß langsamer und mit größerem Gedächtnisaufwand lernen. Dann kann auch er mit kleinen Schritten viel erreichen.

Wenn Sie vier Zeichen zu unterscheiden haben, muß das Bild im Lesefenster also schon dann vor Ihren Augen verschwimmen, wenn mehr als 8 Zeichen pro Sekunde gezeigt werden. Denn jedes Zeichen transportiert 2 bit Information, und mehr als 16 bit können Sie pro Sekunde nicht zur Kenntnis nehmen.

Bis zu 16 bit pro Sekunde können Sie zur Kenntnis nehmen. Aber wieviel Information können Sie pro Sekunde behalten?

Weniger als 5 % von dem, was wir zur Kenntnis nehmen: 0,5 bis 0,7 bit/sec.

Wieviel Sekunden Lernzeit würden Sie also brauchen, um sich einzuprägen, daß das letzte Zeichen, das im Lesefenster sichtbar wurde, ein ▲ war? ____________________.

A. 0,5 bis 0,7 Sekunden
B. ca. 1–1,4 Sekunden
C. 2,9–4 Sekunden

**2 bit**

A. schneller und sicherer, allerdings auch klarer

Jedes Zeichen, das im Lesefenster sichtbar wird, beseitigt also Unsicherheit hinsichtlich

zwei
mal
zwei

gleichwahrscheinlichen Möglichkeiten. Es transportiert die für zwei Erkenntnisschritte ...

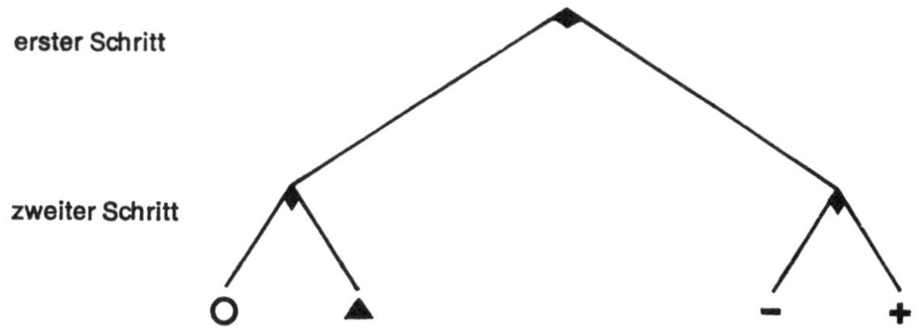


... erforderliche Information, nämlich ___ bit.

(Wenn Sie unsicher sind, welche Zahl Sie eintragen müssen, blättern Sie zurück auf Seite 26. Lesen Sie bitte auch die Seiten 27 bis 29 noch einmal.)

Siebter Abschnitt:

## Innovationen

Wenn ein Konzept erarbeitet worden ist, bedeutet das noch nicht das Ende der Konzeptbildung. Ein Konzept mit hoher Informationsbindung kann im Laufe der intellektuellen Entwicklung eines Menschen zu höherer Komplexität und geringerer Informationsbindung umstrukturiert werden. In dem Maße, wie die erforderlichen logischen Konzepte geläufig werden.

Oft führt der erste Anlauf bei der Konzeptbildung zu einem »Irgendwie-Produkt«. Nehmen wir als Beispiel das Bild, das wir uns von uns selbst machen.

1. Es ist **unvollständig.** Verständnislücken sind unbemerkt geblieben oder konnten nicht gefüllt werden. Als offenes Superzeichen wird es sogar immer mehr oder weniger unvollständig bleiben.

2. Es ist **fehlerhaft.** Wir täuschen uns in Einzelheiten, etwa in bezug auf den Klang der eigenen Stimme. (Haben Sie Ihre eigene Stimme schon mal von einem Tonband gehört?) Oder falsche psychologische Theorien über den Menschen trüben unsere Selbstkritik.

3. Meist ist die **Informationsbindung** einer ersten Konzeptfassung zu hoch. Das spürt man besonders deutlich, wenn man sich in ein neues Kapitel der Mathematik einarbeitet. Erst muß man sich viel merken. Später scheint sich fast alles wie von selbst zu ergeben. Alles ist logisch und klar.

Darum müssen wir immer wieder auch an alten und längst geläufigen Konzepten feilen.

Sie erwarten mit gleicher Wahrscheinlichkeit:

○ Kreis
▲ Dreieck
+ Plus
— Minus

Stets, wenn ein neues Zeichen im Lesefenster erscheinen muß, haben Sie alle vier Symbole gleichzeitig »vor Augen« (in der Erwartung). Die Information, die Sie aus dem Lesefenster erhalten, dient nur dazu, das Zeichen, das dort erscheint, von den drei anderen in Gedanken abzuheben und bewußt zu machen.

Zwischen vier gleichwahrscheinlichen Möglichkeiten unterscheiden Sie, indem Sie zweimal zwei gleichwahrscheinliche Möglichkeiten unterscheiden.

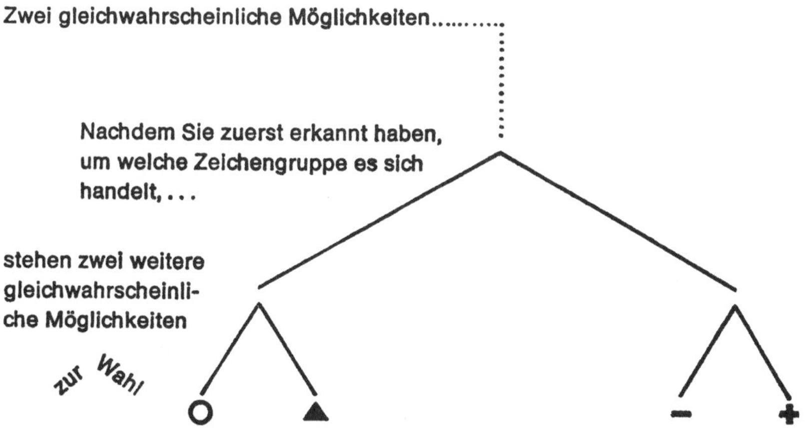


B. ist richtig.

Immer ist die Umkodierung von Konzepten für hochkomplexe offene Superzeichen oder entsprechende Objekte bzw. Ereignisse besonders problematisch. Denn diese Konzepte sind weniger Abbildungen der Wirklichkeit als vielmehr Abbildung unseres Bemühens um die Wirklichkeit, sind Griff nach der Wirklichkeit...

... niemals sind sie selbst das Wirkliche.

Theorien bzw. die Konzepte, die wir danach bilden, mit denen wir die Wirklichkeit auf das für unser Denken erforderliche Informationsmaß reduzieren, bedürfen ständiger Korrektur und Verfeinerung. Denken Sie an die Theorien über die Entstehung des Mondes oder an die Theorien über die Erhaltung des Weltfriedens oder an Theorien über die Funktion der Familie und die soziale Funktion der Sexualität beim Menschen. Sie müssen immer wieder neu an die »Wirklichkeit« angepaßt werden. Soziale Veränderungen, der ständige Wechsel des Verständnisses und der Einstellungen unserer mitmenschlichen Umwelt und die eigene Entwicklung müssen berücksichtigt werden.

Wenn Sie diesen Papierstreifen durch das Lesegerät ziehen, ...

... schaffen Sie bestenfalls noch 8 Zeichen pro Sekunde.

Warum? ____________________

A. Die Behauptung ist falsch.
B. Weil Sie jetzt zwischen zwei mal zwei, also vier gleichwahrscheinlichen Möglichkeiten unterscheiden.

---

B. 10 bis 16 Zeichen pro Sekunde

Für diese Aufgabe brauchen wir Korrekturhilfen.

1. Korrekturhilfe zur Erweiterung unvollständiger Konzepte. Nehmen wir als Beispiel ein Konzept, das die eigenen Vorstellungen über die Rechtslage in einer Vertragsangelegenheit beinhaltet. Wenn nicht alle wesentlichen Einzelheiten und Zusammenhänge berücksichtigt sind, kann das böse Überraschungen bringen. Unvollständige Konzepte, die nicht als solche erkannt werden, wiegen uns in falscher Sicherheit (hinsichtlich nicht erfaßter Details oder hinsichtlich wichtiger Zusammenhänge).

2. Korrekturhilfe zur Verbesserung fehlerhafter Konzepte. Fehlerhaft wird ein Konzept durch Verwechslung von Details oder durch unzulässige oder ungenaue Verknüpfungen, also durch Herausstellen irreführender Zusammenhänge.

3. Korrekturhilfe zur Verminderung der Informationsbindung. Die Informationsbindung eines Konzepts ergibt sich aus der Informationsbindung der einzelnen Elemente und ihrer Verknüpfungen.

Erster Abschnitt:

**Informationsfluß und Informationszerfall**

Wenn Sie diesen Papierstreifen durch ein Lesegerät ziehen,...

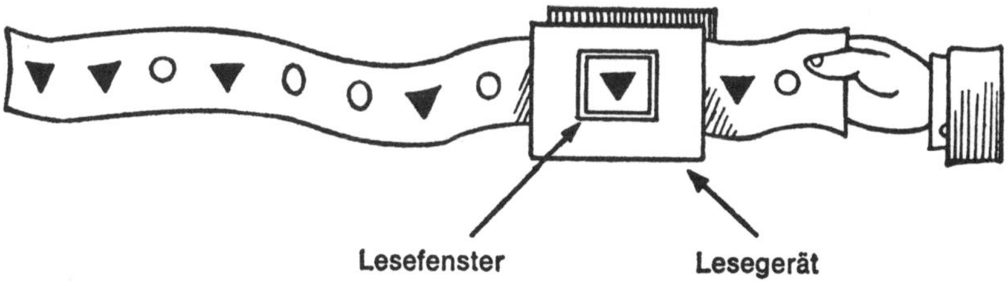


... können Sie bis zu 16 Zeichen pro Sekunde nacheinander erkennen. Jedes Zeichen transportiert für Sie 1 bit Information. Denn um das Zeichen im Lesefenster zu erkennen, brauchen Sie lediglich zwischen zwei bekannten und geläufigen Symbolen zu unterscheiden, die Sie jeweils mit gleicher Wahrscheinlichkeit erwarten. Mit einer dritten oder vierten Möglichkeit brauchen Sie nicht zu rechnen. Darum verschwimmt das Bild erst vor Ihren Augen, wenn Sie mehr als ________________ entziffern müssen.

A. 1 bit pro Sekunde
B. 10 bis 16 Zeichen pro Sekunde

Innovationen (neue, überraschende Varianten) bieten eine Hilfe dafür. Sie regen dazu an, eingefahrene Geleise zu verlassen und sich gründlicher zu besinnen.

Zwei Innovationsarten sind besonders wichtig:

1. **Logische Innovationen**

Erfahrungen, die anders ausfallen als aufgrund von logischen Schlüssen vorausgesagt wurde. Solche Innovationen veranlassen eine Korrektur des theoretischen Grundverständnisses.

2. **Statistische Innovationen**

Erlebnisse, Informationen, die man erfahrungsgemäß nicht erwartet hätte.

In beiden Fällen werden ________________ enttäuscht.

A. Innovationen
B. Erwartungen

# Viertes Kapitel

## Behalten und Vergessen

Erst die letzte Phase des Wissenserwerbs ist das Einprägen – und das Vergessen. Das Vergessen ist genauso wichtig wie das Einprägen. Durch die Informationsnot, die das Vergessen schafft, sind wir ständig zur Revision unserer Konzepte gezwungen. Dadurch können sie schärfer und prägnanter werden. Das ist wichtig. Deshalb sollte man dem Vergessen nicht durch sinn- und gedankenlose Wiederholungen (Motto: schnell noch mal nachschauen) entgegenwirken. Es gibt bessere Methoden.

Darüber lesen Sie in diesem Kapitel:

1. Informationsfluß und Informationszerfall.
2. Lernen und Alter.
3. Wie man sich lernaktiv erhält.
4. Ein paar Tips für besseres Behalten.

Wenn Sie Innovationen zur Konzeptkorrektur verwenden wollen, müssen Sie Erwartungen aufbauen. Sonst merken Sie nichts davon, wenn Sie etwas Überraschendes erleben. Machen Sie sich deshalb zuerst klar, was Sie aufgrund Ihres bisherigen Wissens erweitern würden und prüfen Sie diese Erwartungen. Wenn Ihre Erwartungen enttäuscht werden, klären Sie, warum.

Drei Aspekte müssen Sie dabei berücksichtigen.

1. Liegt es an der **Unvollständigkeit** des Konzepts?
   War es ein bisher nicht erfaßtes Detail, das die Überraschung bewirkte? Sind irgendwelche Zusammenhänge noch nicht klar?

   Beispiel: Sie haben eine mathematische Formel gelernt und eine Übungsaufgabe gerechnet. Das Ergebnis ist falsch. Sie hatten beim Lernen der Formel einen Index nicht beachtet. Ein Detail war nicht erfaßt.

   Oder: Sie arbeiten sich mit viel Fleiß in ein neues Fachgebiet ein. Obwohl Sie wesentlich mehr wissen als andere, schneiden Sie bei praktischen Aufgaben schlechter ab. Das überrascht Sie. Sie prüfen die Ursache. Ergebnis: Sie »sehen vor lauter Bäumen den Wald nicht mehr«. Sie haben keinen Gesamtüberblick.

**14. Innovationen bieten den Anstoß zur Konzeptk________.**
**Darum müssen Sie Innovationen provozieren, indem Sie Erw________ bilden und durch neue, zuverlässige Informationen in Frage stellen.**

Bitte überdenken Sie noch einmal den Inhalt der Seiten 107 bis 110.

2. Wurde die Überraschung durch ein **fehlerhaftes** Konzept bewirkt?

   Durch Detailverwechslung? Durch irreführende Zusammenhänge?
   Jemand beobachtet den Betrieb an einer Tankstelle und sagt: »Na, der Pächter macht ja einen Umsatz! Der wird den (Geld-) Sack wohl bald voll haben.« Wenig später erfahren Sie zuverlässig, daß der Verdienst des Pächters alles andere als rosig ist. Wie konnte der Beobachter sich so sehr täuschen? Er hat sich zu sehr vom Umsatz der Tankstelle beeindrucken lassen. Das hat ihn in die Irre geführt.

   Das war ein Beispiel für ____________________.

   A. Detailverwechslung
   B. einen irreführenden Zusammenhang

3. Zeigt sich durch die Innovation eine Möglichkeit, **die Informationsbindung** des Konzepts zu **verringern**?

   Werden neue logische Verknüpfungen einsichtig? Können durch neu aufgedeckte Zusammenhänge Unsicherheit und Fehleranfälligkeit beseitigt werden?

**Checkfragen zur Entwicklung von Innovationen**

- Wie kann man das Konzept noch anders gliedern?
- Welche Schwerpunkte könnte man setzen?
- Welche Parallelen lassen sich finden?
- Kann man es auf ein anderes Konzept zurückführen?
- Kann man es durch ein anderes erklären?
- Kann man etwas ersetzen oder verändern?
- Kann man eine andere Reihenfolge schaffen?
- Kann man es in einem anderen Zusammenhang sehen?
- Kann man es mit anderen kombinieren?
- Wie sehen es andere?
- usw.

B. Die Geläufigkeit, das heißt die relative Auftr_t_h_f_keit des zu verstehenden Superzeichens in dieser Menge.
C. Seine Konstruktion, das heißt Anzahl und Schwierigkeit der Elemente, aus denen es sich zusammensetzt, sowie die Art ihrer Verk_____f_g____.

Zum Vergleich lesen Sie bitte die Seiten 77 bis 80!

**10. Aufwendigere Superzeichen erhalten meist einen kurzen, prägnanten N_______, damit sie »griffig« werden.**

Die richtige Lösung ist auf den Seiten 70 und 71 erklärt.

**Die Korrektur des Verständnisses**

**11. Gute Superzeichen, gute Theorien und gute Konzepte müssen überp___bar sein (1. Qualitätskriterium) und möglichst viel Information ab _____ (2. Qualitätskriterium).**

Siehe Seite 83/84!

**12. Ein gutes Konzept besitzt eine _______ Informationsbindung und eine _______ Komplexität.**

Siehe Seite 98 bis 102!

**13. Was sind logische Innovationen?**

---

---

Blättern Sie erst nach Seite 106 zurück, wenn Sie Ihre Antwort notiert haben.

Innovationen sind die wichtigste und beste Veranlassung zur Konzeptumbildung. Ohne Innovationen können Konzepte nicht reifen. Wer sich geistig weiterentwickeln will, muß Innovationen suchen, vor allem logische Innovationen.

Bilden Sie Erwartungen und stellen Sie sie durch neue Informationen wieder in Frage. Suchen Sie nach kritischen Informationen, lesen Sie, fragen Sie, machen Sie Experimente. Das ist aktives Lernen.

Passives Lernen, passives Entgegennehmen von »Lerninformation« bringt nur geringen Fortschritt. Wie nutzlos ist ein Seminar oder ein Vortrag, wo die Teilnehmer ohne Fragen kommen, ohne Fragen zuhören und ohne Fragen gehen.

Ebenso nutzlos ist das passive Einpauken von schriftlicher Lerninformation. Eine Verbesserung bereits erworbener Konzepte wird dadurch nicht erreicht.

Auch die Lektüre dieses Buches bringt Ihnen wenig Gewinn, wenn Sie nicht ständig nach Innovationen forschen, wenn Sie nicht Erwartungen bilden, die Sie bei der weiteren Lektüre und bei Ihren persönlichen Lernproblemen in Frage stellen.

B.

**5. Je besser eine Nachricht verstanden wird, desto leichter prägt sie sich ein und desto eher können Sie daraus Schlüsse ziehen. Diese angenehme Erleichterung des Denkens und Behaltens verleitet zu unzulässiger V_r____________g von Informationsgehalten. Die Superzeichenbildung erfolgt dabei auf Kosten wichtiger E_z__________.**

Zum Vergleich lesen Sie bitte Seite 64 und 65!

**Wovon die Schwierigkeit eines Lernstoffs abhängt.**

**6. Können auch Theorien als Superzeichen aufgefaßt werden? ____**

Siehe Seite 69!

**7. Superzeichen finden ihre innerorganismische Entsprechung in dem, was wir als K_z____ bereits im vorigen Abschnitt (Etwas zur Kenntnis nehmen) besprochen haben.**

Siehe Seite 75!

**8. Wir können also den Prozeß des Verstehens als einen Prozeß der Konzeptb___d_____g erklären.**

Siehe Seite 76!

**9. Für die Schwierigkeit dieses Prozesses sind entscheidend:**

A. Die A_z____ der Elemente derjenigen Superzeichenm_n_, der das zu verstehende Superzeichen zugeordnet wird.

5 Minuten

Pause

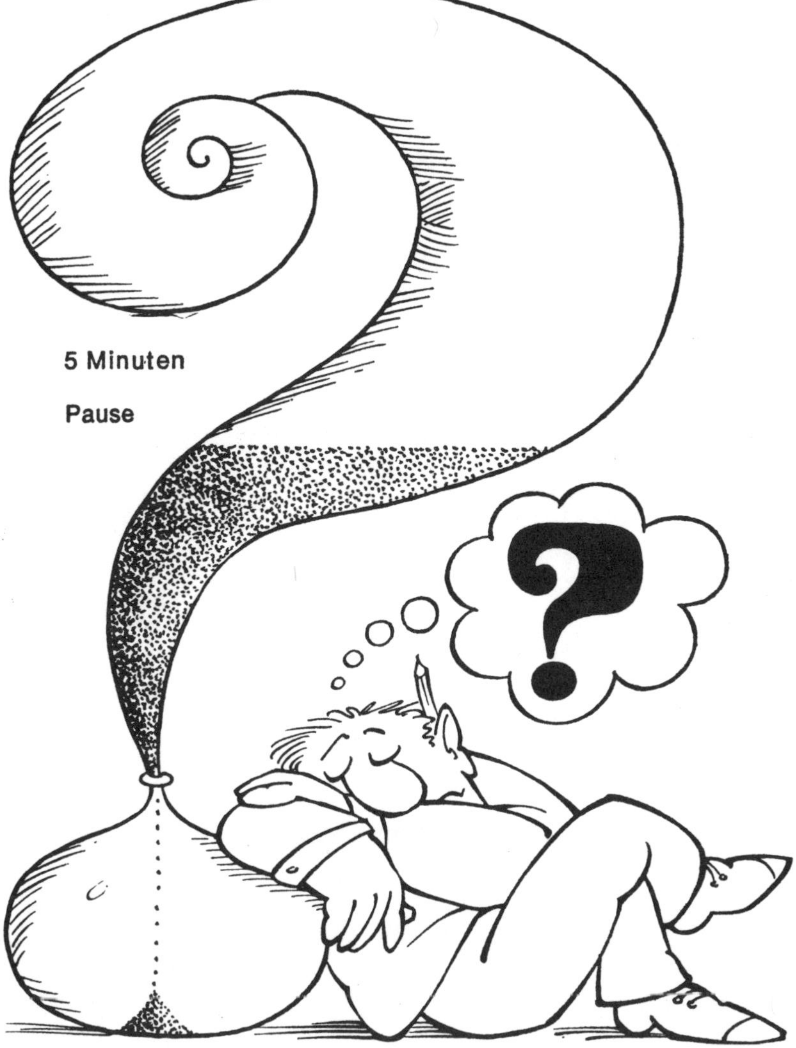

## LERNTEST

### Informationsabbau durch Erkennen von Zusammenhängen

**1. Indem Sie einzelne Elemente einer eingehenden Nachricht zu größeren Einheiten zusammenschließen, __________ Sie die Menge der durch die Nachricht transportierten (subjektiven) Information.**

Vergleichen Sie Ihre Antwort bitte mit Seite 56!

**2. Wann ist der zum (weiteren, tieferen) Verständnis erforderliche Aufwand größer?**

A. Wenn Sie eine Nachricht überdenken, die viel Information transportiert.

B. Wenn Sie eine Nachricht überdenken, die wenig Information transportiert.

Die richtige Antwort können Sie dem Text auf den Seiten 61 und 62 entnehmen.

**3. Wenn Sie einzelne Nachrichtenelemente zu bekannten und geläufigen Superzeichen zusammenfassen, ver__________ Sie den Lernaufwand, der erforderlich ist, um die Nachricht einzuprägen.**

Vergleichen Sie die Seiten 57 und 58!

**4. Je besser eine Nachricht in bekannte und geläufige Zusammenhänge eingeordnet werden kann, desto besser gelingt die I__________** verminderung und damit das V__________.

Wenn Sie sich kontrollieren wollen, lesen Sie noch einmal Seite 63!

**Wenn Sie das Buch nun einfach umdrehen, so als wollten Sie es auf den Kopf stellen, dann haben Sie Seite 113 vor sich und können weiterlesen.**